민감한 사람들을 위한
지구별 가이드

이 책에 쏟아진 찬사들

민감함, 그리고 민감함과 인간 의식의 진화라는 주제를 훌륭히 다루어 낸 책. 민감함이 무엇인지, 민감함이 인간 의식의 진화와 어떻게 연결되는지 같은 심오한 주제는 물론, 민감함 때문에 경험하는 다양한 일들을 독자들이 잘 이해할 수 있도록 자신의 경험과 공부에 바탕하여 상세히 알려준다. 유용한 도구들이 한가득 담긴 잇템!

—윌리엄 미더William Meader (저자, 강연가, 비의秘義 철학 교사)

멜을 안 지 17년째인데, 그녀는 자신이 하는 모든 일에 빛과 에너지를 가져오는 사람이다. 이 책 역시 수천 명의 사람들을 지식과 통찰로 밝혀주리라 믿는다.

—앨런 듀들리Alan Dudley (전 왕립교도소HM Prison Service 장)

두려움이 난무하고 미래가 불확실한 때, 많은 사람들이 삶의 의미를 찾으려 고전하는 이때에, '매우 민감한 사람'이어서 생기는 문제들을 헤쳐 나갈 수 있도록 돕는 책을 쓴 멜에게 축하 인사와 감사를 전한다.

—후아니타 푸디풋Juanita Puddifoot (국제 자아초월상담사, 울거 트레이닝 인터내셔널Woolger Training International 이사회 회원, 딥 메모리 프로세스Deep Memory Process 유럽 지역 트레이너)

진정한 치유는 긴 시련의 시간과 고된 노력 사이사이에 발전의 기쁨이 잠깐씩 얼굴을 비치고 사라지는 지루하고 힘든 과정이다. 초민감인들에게는 더욱 그렇다. 멜을 가르친 여러 스승 중 한 사람으로서 나는 그녀가 이 지난한 영혼의 길을 성실하고 꾸준하게 걸어왔음을 알고 있다. 그런 그녀가 쓴 책이니 누구라도 도움을 받지 않을 수 없을 것이다. 깊은 경험에서 우러나온 그녀의 글들이라 우리에게 더 큰 용기와 신뢰를 준다. 부디 이 책이 많은 사람들에게 읽히길 바란다.

─젠 커쇼 Jen Kershaw (심리치료사, 소울보야저 네트워크Soul-Voyagers Network 회원)

나는 교도소에서 멜과 함께 근무하는 특권을 누렸다. 그 덕분에 나는 관계 맺기 가장 어려운 사람들을 상대로 긍정적인 삶의 변화를 끌어내는 그녀의 능력을 직접 목격하였다. 이 책이 많은 사람들에게 좋은 영향을 주리라 믿어 의심치 않는다.

─하이든 에반스 Haydn Evans (물질 오남용 통합관리부 부장, 전 교도관)

민감한 사람으로 살아가는 것의 긍정적인 측면을 보기까지 나에게는 오랜 시간이 필요했다. 하지만 지금은 민감함이 창의력의 근원이자 내담자들과 나를 더 깊게 연결시켜 주는 원동력이라고 생각한다. 이 책은 우리에게 필요한 바로 그것, 민감한 사람으로 살아가기 위한 로드맵이다. 여러분이 민감함이라는 선물을 이해하고, 다루고, 최대한 활용할 수 있도록 이 책이 도와줄 것이다.

─미리암 아크타르 Miriam Akhtar (응용심리학 석사, 긍정심리학 코치, 컨설턴트)

The Handbook for Highly Sensitive People by Mel Collins
All Rights Reserved
Design and typography copyright © Watkins Media Limited 2019
Text copyright © Mel Collins 2019
This edition first published in the UK and USA by Watkins,
an imprint of Watkins Media Limited in 2019
www.watkinspublishing.com
Korean translation copyright © Shanti Books, 2021
Korean translation rights are arranged with Watkins Media Limited through
AMO Agency, Korea.

민감한 사람들을 위한 지구별 가이드

2021년 4월 22일 초판 1쇄 발행. 멜 콜린스가 쓰고 이강혜가 옮겼으며, 도서출판 샨티에서 박정은이 펴냅니다. 편집은 이홍용이, 표지 및 본문 디자인은 김경아가 하였습니다. 인쇄는 수이북스, 제본은 성화제책에서 하였습니다. 출판사 등록일 및 등록번호는 2003. 2. 11. 제25100-2017-000092호이고, 주소는 서울시 은평구 은평로 3길 34-2, 전화는 (02) 3143-6360, 팩스는 (02) 6455-6367, 이메일은 shantibooks@naver.com입니다. 이 책의 ISBN은 979-11-88244-64-5 03180이고, 정가는 17,000원입니다.

주의/면책고지: 이 책에 실린 내용은 선의를 가지고 일반적인 가이드를 제시하기 위해 쓰인 것이며, 이곳에 실린 정보를 사용함으로 인해 발생한 어떠한 손실이나 비용에 대한 책임도 지지 않습니다. 이 책은 의학적·심리학적 전문가 소견을 대체하려는 의도로 쓰인 것이 아니며, 단지 개인적인 용도로 사용하고 참고할 수 있는 정보를 제공하려는 목적으로 쓰였음을 말씀드립니다. 이 책에는 전문가의 의학적 소견을 대신해 진단하고 치료하려는 의도가 없습니다. 저자는 의료인이 아니며, 만약 건강 관련 프로그램을 시작하려고 한다면 전문 의료인의 조언을 받으시기 바랍니다.

The Handbook for

Highly

Sensitive

People

자신의 민감함을 감추지 않고
세상을 위한 선물로 사용하는 법

민감한 사람들을 위한
지구별 가이드

멜 콜린스 지음 | 이강혜 옮김

【샨티】

제가 사랑한 모든 분들,
그리고 저의 멘토 로저 울거 교수님께
이 책을 바칩니다.

차례

2부 HSP를 위한 자기 돌봄 기법

3부 영적인 관점에서 바라본 HSP의 여정

우리는 전부 다르다. 예전에 어떤 사람과 말다툼을 했는데, 몇 년 뒤에 그 사람은 우리가 싸운 걸 기억조차 못하고 있다는 사실을 알고는 깜짝 놀랐던 기억이 난다. 나는 모든 사항을 세세히—그 사람이 쓴 형용사들, 그가 맨 넥타이, 커튼 사이로 불어오던 바람, 그 커튼의 무늬까지!—떠올릴 수 있었는데 말이다.

주말을 보내고 오면 그 전에 나눴던 대화 내용을 까먹는 사람들이 있는가 하면 절대로 잊어버리지 못하는 사람들도 있다. 내가 BBC 방송국에서 일하던 시절에 대한 회고록을 쓸 때 상사한 분이 이렇게 말했다. "아니, 25년 치나 되는 이 세세한 기록들을 아직까지 다 보관하고 있었단 말이야?"

"아니요, 저는 그 기록을 항상 머릿속에 가지고 다니는 걸요." 내가 대답했다.

"그렇게 살면 피곤하지 않나, 제레미?" 그는 이렇게 물으며 자랑스럽다는 듯 덧붙였다. "나는 지난주에 뭘 했는지도 기억이 안 나는데 말이야!"

'뭐, 좀 피곤하긴 하지.' 나는 생각했다.

멜 콜린스를 만나서 이 책을 읽기 전까지는 나는 HSP가 무엇인지 잘 몰랐다. HSP라니, 뭔가 없는 걸 만들어낸 말처럼 들렸다. 하지만 지금은 우리 HSP(Highly Sensitive People, 초민감인)가 분명히 존재하는 사람들이며, 민감한 사람들만의 노동조합을 만들어야 한다고 믿는다.

어쩌면 내가 첫째여서 부모님의 걱정을 깊이 받아들이고, 그래서 끊임없이 주변을 민감하게 감지하는 사람이 되었을 수도 있다. 마치 내가 부모님의 역할을 대신해야 하는 것처럼 말이다. 어쩌면 단순히 유전자 때문일지도 모른다. 나는 태어날 때부터 모든 것을 섬세하게 느꼈다. 나는 라디오 2 방송국에서 헤드폰 소리가 너무 크다고 끊임없이 말을 해대 기술팀이 마이크 선을 여기저기 꽂아보게 만든 유일한 DJ이다. 평생 진정한 친구가 한 명도 없었다는 연금 생활자의 전화 사연에 눈물을 흘리는 사람이기도 하다.

하지만 불평할 생각은 없다. 말 한 마디만 듣고도 상대방의 상처를 느끼고, 다른 사람의 감정을 컴퓨터에 버금가는 정확도로 이해할 수 있는 나의 능력은 어머니로부터 물려받은 것이다. 1990년대 초반에 실수로 내뱉은 거친 말에 대해 여전히 지나치게 걱정할지언정, 그런 실수를 또 저지르는 위험한 일은 다시 없을 것이다.

나는 나와 정반대인 사람들이 신기하다. 전에 어떤 유명 정치인이 속도 위반으로 감옥에 갔다. 그런데 그가 석방되고 바로 다음 화요일에 '뉴스나이트Newsnight'에 나와 멀쩡한 얼굴로 환경 문제에 대해 열을 올리던 기억이 난다. 그런가 하면 화가 난 사람들의 불평 소리를 들으면서도 눈 하나 깜짝 않고 새치기를 하는 사람들을 우리는 어떻게 이해해야 할까?

해답은 당신 자신을 이해하는 데 있다. 당신 내면의 목소리가 자신을 향해 서투르고 재미없다고, 어젯밤 술집에서 친구들에게 우스운 꼴을 보였다고 비난을 쏟아내거든 이 책에 실린 멜의 말을 떠올려보라. 우리 HSP들은 이런 일들을 가지고 다른 사람들보다 너무 많이 생각한다. 우리 HSP들에게 해변에 앉아 일주일을 보낸다는 것은 우리를 창피하게 할 추억을 한 보따리 만들어가라는 초대장이 될 수 있다. 이게 나쁜 것은 아니다. 그냥 그게 우리라는 사람들이다. 우리가 우리답다는 이유로 괴로워하지 않아도 된다. 우리가 아주 민감하다는 사실을 이해하고, 그것을 결함이 아닌 선물로 보는 법을 배우면 마음이 편안해질 수 있다. 바로 그런 점에서 이 책이 도움이 된다. 이 책을 쓰고 우리 프로그램에 출연해 수많은 청취자들의 삶을 바꿔준 멜에게 감사의 인사를 전한다.

방송인 겸 저널리스트

제레미 바인Jermy Vine

사람들에게 "너는 너무 예민해" "매사를 너무 진지하게 받아들이지 마" "너는 좀 강해질 필요가 있어"라는 말을 듣고 있나요? 다른 사람의 감정에 쉽게, 그리고 깊이 공감하는 편인가요? 생각이 많고, 감정을 소화하는 데 다른 사람보다 오래 걸리는 편인가요? 나만 이상한 사람처럼 느껴지거나 (특히 피를 나눈 가족 안에서) 소속감을 느끼지 못하나요? 주변 환경이나 감각적 자극에 쉽게 압도되고, 자주 혼자만의 시간을 가져야 하나요? 이 질문들에 대한 답이 '네'라면, 아마도 당신은 HSP(Highly Sensitive Person, 이 용어는 대부분 'HSP' 그대로 표기했으며, 경우에 따라 '초민감인'이나 '매우 민감한 사람'으로 옮겼다─옮긴이)일 것입니다. 그리고 이 책이 당신의 생존 안내서가 되어줄 거예요!

통계에 의하면 다섯 명 중 한 명이 초민감성high sensitivity 기질을 가지고 태어난다고 합니다. 세계적으로는 약 14억 명 정도가 되겠네요. 그런데도 이런 민감성 기질에 대해 아는 사람들이 거의 없어서 많은 HSP들이 민감하지 않은 세상에서 신체적·감정적·정신적·영적으로 큰 어려움을 겪으며 살아가고 있습니다. '지나치게' 또는 '과잉'으로 민감하다는 판단이나 비판, 비하는 HSP들의 자존감을 갉아먹습니다. 이들은 외롭고 고립된 듯한 기분이 들고, 아무도 자신을 '이해'하거나 자신의 진정한 모습을 알아봐 주지 못하는 것 같다고 생각하게 됩니다. 민감하지 않은 사람들과 느끼는 방식이 너무나 다르거든요.

저 역시 HSP이기 때문에 이것이 어떤 느낌인지 잘 알고 있습니다. 하지만 저도 서른두 살이 될 때까지는 이런 특성이 존재한다는 사실을 알지 못했습니다. 저에게 문제가 있는 거라고만 생각했어요. 저는 심한 소음, 밝은 불빛, 다른 사람들의 기분으로 인해 기진맥진해지곤 했습니다. 다른 사람들의 감정을 흡수하기도 했는데, 그러면 상대방과는 달리 완전히 기가 빨린 상태가 되기도 했지요. 처음으로 초민감성 기질에 대해 알았을 때, 마치 전구에 반짝 불이 켜진 것 같았고, 어깨를 짓누르던 무거운 짐이 치워진 듯했습니다.

수년간 은행원으로, 교도소 약물 재활 담당자로 일한 뒤 저는 심리 치료 상담사 교육 과정을 거쳤고, 그 뒤로 지금까지 HSP 전문 상담을 해오고 있습니다.

직업적으로나 개인적으로 초민감성 기질에 대해 제가 배운 모든 것을 이 책에 담았습니다. 저의 목적은 HSP들이 자신의 초민감성 기질과 그 기질의 의미를 알고, 이해하고, 받아들이고, 궁극적으로는 축하할 수 있도록 돕는 것입니다. 그러기 위해 초민감성이라는 주제와 관련한 과학적 연구 결과를 실어 독자들이 쉽게 이해할 수 있도록 하였고, 거기에 덧붙여 저의 개인적인 관점도 제시하였습니다.

제가 과학적인 배경을 갖고 있지 않다는 점을 미리 말씀드리는 것이 매우 중요할 것 같습니다. 저는 직관적이고 창의적인 '우뇌형' 인간에 가깝습니다. 그래서 이 책에서도 초민감성 기질을 신체적·정신적·감정적·영적 측면에서 전일적全—的으로 바라보는 관점을 제시합니다. 또한 지난 15년간 HSP 전문 상담사로 일하면서 내담자들로부터 얻은 통찰을 이 책에 실을 수 있어서 매우 감사하게 생각합니다. 이 책이 독자 여러분에게 재미있고 유용하기를 바랍니다.

먼저 이 책이 어떻게 탄생하게 되었는지, 그리고 어떻게 하면 이 책을 가장 잘 활용할 수 있는지 말씀드릴게요.

매우 민감한 아이에서 매우 민감한 어른으로

'부끄럼이 많은' '조용한' '공상가' '신경질적인' '내성적인 아이' 같은 말들이 제가 자라면서 들어왔던 말입니다. 어린 시절 내내 "그만 좀 예민하게 굴어"라든가 "그렇게 예민하게 굴어봤자 너만 손해야" 같은 말을 계속 들어왔지요. 당시에는 이런 말들이 저를 비난하고 평가하는 것으로 들렸고, 저는 쉽게 상처받았습니다. 제 자신의 일부인 타고난 성향을 어떻게 멈춰야 할지 알 수가 없었어요. 게다가 저에게 초자연적인psychic 능력이 있다는 사실까지 알게 되었지요. 사람들이 보거나 느끼지 못하는 것들을 보고 느낄 수 있었거든요. 하지만 이 '이상한' 경험들에 대해서는 아무에게도 말하지 않았습니다. 너무나 혼란스러운 시간이었어요.

학교 생활은 가끔 힘들 때도 있었지만, 특유의 유머 감각을 생존 전략으로 삼아 나름 잘 적응하였습니다. 저는 공감력이 뛰어난 아이여서 친구들 대부분이 문제가 있으면 저를 찾아오곤 했습니다. 공부를 좋아했지만, 부모님이 이혼을 하는 바람에 고3 때에는 대입 시험 공부에 집중하지 못했어요. 부모님의 이혼에 저는 큰 충격을 받았고, 감당하기 버거운 감정들을 소화해 내느라 무척 힘들었습니다. 그래서 대학에 가는 대신 은행에 취직했고, 그 후에 결혼을 하고, 사랑스러운 아들을 얻고, 이혼을 하고, 건강 문제로 고생하고, 은행을 그만두고, 보험 회사에서 일하기 시작했습니다. 이 일들을 거치는 내내 저는 길을 잃은 듯한 기분이었어요. 결국 다른 사람들과 내가 참 많이 다르다는 생각이 들기에 이르렀습니다. 저의 민감함 때문이었지요. 진정한 제 자신으로부터 너무나 멀어진 채 살면서 만성 피로에 시달리던 저는 해답을 찾아 나서기 시작했습니다.

저는 (초민감성 기질에 대해서는 한 마디도 언급하지 않고) 저의 민감성을 알아보고 보살펴준 상담사를 만나게 되었고, 저 자신에 대해서 다시 좋게 생각하기 시작했습니다. 저의 직관과 (그동안 잠잠해졌던) 초자연적 능력이 다시 살아나는 것도 느낄 수 있었어요. 그 상담사와의 세션에서 큰 도움을 받고 저도 상담사가 되기로 결심했습니다.

그리고 상담사 트레이닝을 받기 시작한 지 얼마 되지 않아 존경받는 미국의 심리학자 일레인 아론Elaine Aron 박사의 책《타인보다 민감한 사람The Highly Sensitive Person》(한국어판 제목―옮긴이)을 소개받았고, 민감성 기질에 대한 그녀의 선구적인 연구 덕분에 제 인생은 완전히 바뀌었습니다. 마침내 제가 어떤 사람인지 어느 정도 확인할 수 있었고, 저에게 아무 '문제'가 없다는 것을 알 수 있었어요. 하지만 그것은 단지 제가 누구인지 발견해 가는 여정의 시작에 불과했습니다. 저의 민감한 기질을 다루는 방법, HSP로서 행복하고 성공적으로 살아갈 수 있는 방법을 충분히 찾아내 습득하기까지는 그 후로도 몇 년이 더 걸렸죠.

상담사 교육 과정의 첫 2년을 끝낸 뒤 저는 다른 사람들을 도울 수 있는 일자리를 찾기 시작했고, 얼마 지나지 않아 교도소에서 중범죄자들을 대상으로 한 알코올 중독 치료 상담사로 일하게 되었습니다. 2년 뒤에는 약물 전문 부서의 책임자 자리로 승진을 했고요. 이 일이 여러 면에서 보람되기는 했지만, HSP인 저에게는 너무 큰 자극이 되기도 했어요. 감각 신경계가 자주 과(過)각성 상태에 들어가고, 오랜 문제인 만성 피로가 다시 나타나기 시작했지요. 힘든 환경 속에서도 어찌어찌 8년을 더 근무했습니다.

HSP가 교도소에서 일한다는 것이 뭔가 역설적으로 보일 거예요. 제가 내면화해 버린 '너무 민감하다' '강해져야 한다'는 메시지가 그 정도로 깊었던 거지요. 저는 제 주위에 아주 강력한 방어벽을 쌓아올렸습니다. 하지만 돌아보면 진정한 제 자신은 여전히 그 벽 안에 갇혀 있었던 것 같아요. 교도소에서 일하는 것으로 저 자신을 증명해 보이고 싶었던 것 같습니다.

교도소에서의 10년은 여러 차원에서 많은 일이 일어난 여정이었어요. 교도소에서 일하는 동안 저는 인간의 행동과 '그림자', 즉 사람들의 어두운 면에 대해 많은 것을 배웠습니다. 저는 교도소 밖에서 계속해서 상담사 교육을 받았고, 다양한 치유 방법에 관한 자격증을 취득해 갔으며, 공인된 영적 힐러이자 레이키靈氣 마스터가 되었습니다. 융 학파의 심리치료사인 로저 울거Roger Woolger 박사로부터 전생 퇴행과 조상祖上 치유ancestral healing(조상 세대에서 해결되지 않은 카르마가 후손에게 영향을 미칠 수 있다고 보고, 윗세대의 영혼들과 직접적으로 접촉하여 미해결 과제를 푸는 작업—옮긴이) 교육도 받았고, 영적 성장의 다양한 측면에 대해서 공부하기도 했습니다.

저는 교도소 근무를 하면서 파트타임 상담을 병행하다가 2011년에 최종적으로 교도소를 떠나 HSP에 특화된 상담사 겸 치유사로 활동하기 시작했습니다. 지금은 더 많은 HPS들이 자신을 있는 그대로 받아들이고 사랑할 수 있도록, 초민감성 기질에 대해 가르치거나 글을 쓰면서 그에 대한 인식을 높이는 데 주력하고 있어요.

이 책에 대하여

지난 몇 년 동안 이 책을 쓰도록 인도받아 왔다는 기분이 듭니다. 제가 가진 전문 지식과 HSP로서의 개인적인 경험을 나누라고요. 저는 다른 HSP들이 자신의 느낌이나 자신이 부딪치는 어려움을 더 잘 이해하도록 돕고 싶습니다. 그들만의 독특한 강점과 특성을 발견하도록 안내하고 싶어요. 그리고 스스로를 치유하고 자신에 대해 좋게 느끼는 법을 알려주고 싶습니다.

스스로는 HSP가 아니지만 HSP인 누군가를 알고 있는 분들께도 이 책이 도움이 되기를 바랍니다. HSP와 HSP가 아닌 사람 사이에서는 많은 오해가 발생할 수 있습니다. 높은 민감성에 대한 근거 없는 믿음이 없어진다면 이 두 집단이 더욱 가까워질 수 있을 거라고 생각합니다.

이 책은 HSP들이 이 바쁜 세상을 훨씬 성공적으로 살아갈 수 있도록 돕는 실용적인 방법들을 제시합니다. 읽어나가는 동안 독자들이 자신만의 자기 계발 여정을 떠나고 내용도 더 쉽게 이해할 수 있도록 책을 크게 3부로 나누었습니다. 1부에서는 초민감성 기질에 대해 자세히 살펴봅니다. HSP 체크리스트가 들어 있어 독자들이 자기 자신이나 사랑하는 사람이 HSP인지 아닌지 테스트해 볼 수 있어요. 그리고 HSP의 주요 특징과 어려움, HSP 기질이 삶에 미치는 영향에 대해 이야기합니다. 또한 민감한 기질을 자극하거나 영향을 주는 심리적 요인들에 대해서도 자세히 알아보고, 어떻게 하면 HSP들이 더욱 가치 있고 만족스럽고 온전한 삶을 살아갈 수 있을지 큰 그림을 살펴봅니다.

2부에서는 초민감성 기질과 그에 따른 강렬한 감정을 좀 더 효과적으로 다루는 방법을 소개합니다. 이러한 방법에는 과각성 상태에 대처하는 방법, 감정 자유 기법EFT(Emotional Freedom Technique, '태핑tapping'이라고도 하며, 감정 건강을 최적화하도록 도와준다), 에너지 보호 기법, 자기 사랑을 키우는 법 등이 포함되어 있습니다.

마지막 3부에서는 영적 치유자이자 치료사로서 제가 배운 내용에 바탕하여, 자신의 진정한 모습을 찾아가는 여정에서 많은 HSP가 (스스로 알든 모르든) 추구하는 좀 더 영적인 측면에 대해 이야기합니다. 모든 HSP가 이 주제에 관심이 있지는 않을 것입니다. 그래도 괜찮습니다. 1, 2부의 내용만으로도 HSP로서 행복하게 살아가는 데 도움이 되는 실용적인 팁을 많이 얻을 수 있을 거예요. 영적인 내용에 관심이 있는 분들은 이 3부에서 우울함, 불안, 분노를 이해하는 영적인 관점을 얻을 수 있을 것입니다. 3부에서는 출생 전 계획, 전생의 영향, 지박령地縛靈(earthbound soul, 땅에 얽매여 있어 저승으로 떠나지 못하고 있는 영혼—옮긴이), 영적 얽힘 spirit attachment 등의 개념에 대해 설명합니다. 영적 안내자, 수호천사와 같이 우리가 도움을 요청할 수 있는 보이지 않는 영적 세계의 존재들에 대해서도 이야기합니다. 3부의 마지막 장에서는 더욱 주체적인empowered HSP가 되는 법, 이 세상에 태어난 목적을 찾는 법에 초점을 맞춥니다.

저는 저에게 찾아오는 대부분의 HSP 내담자들이 자신의 특성을 있는 그대로 받아들이고 더 잘 이해하고 싶어 하며, 비민감인들에게도 그렇게 받아들여지기를 원한다는 사실을 알게 되었습니다. 그들은 단순히 생존하는 것을 넘어 멋지게 살고 싶어 합니다. 자신의 민감함을 잘 다루는 방법들을 알고 싶어 합니다. 인생의 목적이 무엇인지에 대해서도 알고 싶어 합니다. 대부분의 HSP들은 세상에 유익한 변화를 가져오기 위해 이 세상에 왔다고 느끼지만, 어떻게 해야 하는지는 잘 모르고 있습니다. 자신이 매우 민감한 성향을 갖고 있다고 느껴지고, 주체적인 삶을 향한 여정을 시작할 준비가 되었다면, 또는 이 여정에 대해 좀 더 알고 싶다면, 이 책을 읽어나가면서 당신이 진정 누구인지 발견하고 축하할 수 있기를 바랍니다.

1부

매우 민감하다는 것은
무슨 뜻일까?

'책머리에'에서 언급한 것처럼, 인구의 약 20퍼센트가 매우 민감한 사람, 즉 HSP(Highly Sensitive Person, 초민감인)이다. HSP는 그러한 기질이 없는 사람들보다 감정을 훨씬 깊게 느끼고 그 감정을 소화하는 데도 더 오래 걸린다. 우리 HSP는 깊이 사색하고 되돌아보는 사람들이다. 삶에서 일어나는 사건이나 타인의 긍정적·부정적 감정에 더 큰 감정적 반응을 보이기도 하는데, 때로는 이러한 기질이 민감하지 않은 사람들 눈에는 '오버'하는 것으로 보일 수도 있다. 우리는 다른 사람들이 알아차리지 못하는 미묘한 것들을 포착할 수 있고, 감정이입empathy을 매우 잘한다. 환경이나 감각을 통해 오는 자극에 영향을 받으며, 자극이 아주 강한 것은 잘 견디지 못한다. 자극이 너무 강할 경우 감각 신경계가 과각성 상태가 되어 압도당하는 듯한 느낌을 받을 수 있다.

전인적인holistic 관점에서 봤을 때 '매우 민감하다highly sense-itive'는 것은 우리의 타고난 직관 능력이 느끼고 듣고 보고 만지고 냄새 맡는 감각 능력sense에 매우 미세하게 조율되어 있다는 뜻이기도 하다. 어떻게 아는지는 몰라도 우리는 상황을 감지하는 능력을 지니고 있다. 거기에 다른 사람들보다 더 깊은 직관 능력까지 가지고 있는 것 같다.

이 대목에서, HSP는 아니지만 이 글을 읽으며 나도 아주 민감할 때가 있다고 생각이 드는 독자가 있다면, 그것도 맞는 말이라는 점을 분명히 해두고 싶다. 누구나 때때로 민감할 수 있다. 실제로 많은 사람들이 나이가 들어가면서 훨씬 민감해진다. 그러나 이것은 '매우 민감한 사람', 즉 HSP인 것과는 다르다. HSP로 살아간다는 것은 이들의 생물학적 신경계와 뇌 속에서 감각, 환경, 정보의 처리 과정이 일어나는 깊이로 말미암아 심리학적으로 '감각 처리 민감성sensory processing sensitivity'이라고 정의된 기질을 가지고 있다는 의미이다.

이 책의 1부에서는 이들 HSP의 성격적 특성과 그 심리학적 배경을 자세히 살펴보고, 그들의 '초민감성'에 대해 여러분이 알 필요가 있는 모든 정보, 그리고 그러한 성격이 어떻게 일상 생활에 영향을 미칠 수 있는지 이야기하고자 한다.

1장

매우 민감한
기질

'타고난 민감성innate sensitivity'이라는 개념과 그것이 어린 시절 및 성인기 삶에 미치는 영향을 처음으로 거론한 사람은 20세기 초 스위스의 정신과 의사이자 심리분석가였던 칼 융Carl Jung이 었다. 그러나 20세기 말부터 선구적인 연구와 임상 작업을 통해 그런 기질에 대해 훨씬 더 깊은 심리학적 이해를 제공한 사람은 일레인 아론Elaine Aron 박사이다. 아론 박사는 연구를 통해 '초민 감성'은 타고나는 성격적 기질이며 장애나 질병이 아님을 보여준 다. 흥미롭게도 HSP 가운데 3분의 1이 외향적인 성향을 갖고 있 는 것으로 나타났다. 이는 매우 민감하다는 것이 내성적이라는 것과 꼭 동의어는 아니라는 사실을 말해준다. 아론 박사는 HSP

에 대해 많은 책을 썼다. 그 책들을 읽어보기를 적극 추천한다. 이 책 말미의 '도움이 되는 자료들'에 아론 박사의 책 목록을 실어놓았으니 참고하기 바란다.

아론 박사의 최신 연구에는 '매우 민감한 뇌', 특히 감정이입 및 감각 처리와 관련된 뇌 부위에 관한 것이 있다. 이 연구 결과에 따르면 HSP들이 알아차림과 감정이입, 자기-타인 처리와 관련된 뇌 부위에서 일반 사람들보다 훨씬 강력한 활성화를 보였다. 이와 관련해 더 구체적이고 자세한 내용을 알고 싶은 사람은 일레인 아론 박사의 홈페이지 '기사Articles'란을 참고하기 바란다. 여기에는 HSP의 기질과 관련한 과학적 연구 결과가 올라와 있다. 뇌에 관한 다른 주제들과 마찬가지로 HSP의 뇌에 대한 연구 역시 점차 늘어나고 있으며, 점점 더 많은 사람들이 그 기질과 그것이 미치는 영향에 대해 알아가고 있다.

당신은 HSP입니까?

당신이 HSP 기질을 가지고 있는지 알아보도록 다음 체크리스트를 만들었다. 사랑하는 누군가가 HSP라는 생각이 드는 경우에도 이 체크리스트를 지표로 사용할 수 있다. 단 모든 사람이 독특한 존재이며, 그 독특한 기질도 사람에 따라서, 또 사회·

경제적 배경이나 개인이 살아온 내력과 같은 다양한 요인에 따라서 다르게 나타날 수 있다는 점을 염두에 두기 바란다.

각 항목에 당신이 개인적으로 느끼는 그대로 정직하게 답하기 바란다. 최소한 어느 정도 자신에게 해당된다고 느끼는 항목에 체크하고, 전혀 해당 사항이 없거나 완전히 맞지는 않다 싶은 경우에는 빈 칸으로 두면 된다.	
☐	1. 주변 사람들로부터 "그렇게 예민해 봤자 너만 손해야" "너는 좀 강해져야 돼" "그렇게 예민하게 굴지 마"라는 말을 자주 듣는다.
☐	2. 감정이나 느낌을 다른 사람들보다 훨씬 강하게 또는 깊게 느끼는 것 같다.
☐	3. 주변에 사람들이 많으면 감당하기 힘들어서 그 자리를 떠나고 싶을 때가 종종 있다.
☐	4. 큰소리, 사람들로 북적임, 부정적인 것에 몹시 민감하고, 벗어나고 싶다는 생각이 들 때가 많다.
☐	5. 직관이 뛰어나고, 사람이나 환경의 미세한 문제들을 잘 감지한다. 무언가가 잘못되었을 때 다른 사람들보다 빨리 알아차린다.
☐	6. 매우 양심적이며, 결정이 미칠 영향을 고려하느라 남들보다 의사 결정하는 데 시간이 오래 걸린다.
☐	7. 깊이 집중하고 몰두한다.
☐	8. 세세한 사항까지도 주의 깊게 살피거나 완벽주의자로 여겨진다.

☐	9. 강한 의무감(책임감)을 갖고 있다.
☐	10. 자기만의 확고한 가치관과 윤리관이 있다.
☐	11. 사회적 부당함에 관심이 많고 약자들을 위해 싸우는 경향이 있다.
☐	12. 환경 문제에 영향을 받으며, 인간이 저지르고 있는 지구 파괴 행위 때문에 깊은 고통을 느낀다.
☐	13. 언제나 '큰 그림'을 볼 수 있다.
☐	14. '과도하게 자극받고 있다'는 몸의 신호를 무시하다가 결국 기진맥진해지거나 지쳐 나가떨어지거나 번아웃된다. 또는—완전히 반대로—안절부절못하거나 불안해하거나 잠을 이루지 못한다.
☐	15. 다른 사람의 기분에 영향을 받기 쉽고, 상대방은 "너랑 있어서 기분이 좋아졌다"고 말하는데 정작 자신은 진이 빠져버리기도 한다.
☐	16. 자신을 사랑하기가 어렵고, 다른 사람들을 돌보거나 '구제하려는' 경향이 있다. 또는 낮은 자존감이나 '나는 모자란다'는 생각 때문에 힘들거나 힘들어한 적이 있다.
☐	17. 베푸는 성향을 타고났으며, 경계선을 설정하는 것이 어려워 종종 타인에게 이용당하거나 조종당한다.
☐	18. 비난, 평가(판단), 배신을 당하는 경우 또는 상대가 바람을 피우거나 거짓말을 하는 경우 크게 상처를 입을 수 있으며, 자신을 '닫아버리기'도 한다. 이러한 상처에서 회복되는 데 아주 오랜 시간이 걸리며, 평생 완전히 극복하지 못할 것 같다는 생각이 들기도 한다.

☐	19. '딱 맞는' 관계를 찾기가 너무 힘들다는 생각이 들거나, 파트너가 당신의 민감함을 이해하지 못해 결국 관계가 '실패'로 끝난 적이 있다.
☐	20. 감정적으로 힘든 상황에서 '몸에서 빠져나간'(해리) 경험이 있거나, 주기적으로 '멍'해지거나, 몽상에 젖는다.
☐	21. 민감함에 대처하기 위한 전략으로 술이나 약, 음식 등을 사용한다.
☐	22. 누군가 당신을 '정말로' 이해해 줄 때 마치 '어둠 속에서 불이 켜진 듯한' 느낌을 받는다. 그 누군가는 생각이 비슷한 친구일 수도, 또 다른 HSP일 수도, 심리치료사나 치유자일 수도 있다. 이때 당신은 마침내 누군가한테 '보아지고' 이해받았다는 느낌을 받는다.

(알아두기: 이 체크리스트는 어떤 병을 진단하거나 진단에서 제외시키기 위한 것이 아님)

점수 계산하기

- 표시한 개수가 14개에서 22개 사이라면, 당신은 HSP일 확률이 매우 높다.
- 표시한 개수가 7개에서 13개 사이라면, 당신은 HSP일 가능성이 있다.
- 표시한 개수가 7개 미만이지만, 표시한 항목들이 당신에게 '전적으로' 해당된다고 느낄 경우, 특히 1~5번과 14번, 15번 항목에 표시한 경우에는 스스로를 HSP라고 생각해도 될 것이다.

위의 항목과 더불어, HSP들 사이에서, 특히 영적인 부분에서 인식이 높거나 그런 부분에 친근감을 느끼는 HSP들 사이에서 나타나는 공통적인 측면이 있다. 따라서 당신이 HSP라면 아래 항목 중에서도 고개가 *끄*덕여지는 것이 있을 것이다.

- 매우 사색적인 사람이다.
- 창의력이 매우 뛰어나고/뛰어나거나 예술에 대한 열정을 갖고 있다.
- 선명한 꿈이나 예지몽을 꾼다.
- 자선을 베푸는 일이나 인도적인 사명에 이끌린다.
- 동물이나 자연, 크리스탈과 친화력이 높다.
- 생물학적 가족과 자신이 굉장히 다르다는 느낌이 든다.
- 영성 또는 신앙심 기반의 종교를 자기 삶의 근본적인 부분으로 여긴다.
- 천사와 같은 보이지 않는 세계에 대한 믿음을 갖고 있고/있거나 초자연적 또는 영적인 경험을 한 적이 있다.

이런 측면들은 3부에서 더욱 자세히 다룰 예정이다.

HSP에게 영향을 미치는 자극 요소에는 환경적 요소와 감각적 요소도 있다. 신경과학자 비앙카 아세비도Bianca Acevedo와 아론 박사 그리고 다른 연구자들이 함께 진행한 '매우 민감한 뇌' 연구에 의하면, "HSP들은 미묘한 자극도 굉장히 잘 알아차리고 주의를 기울이며, 긍정적 자극과 부정적 자극 둘 다에 크게 반응하는 것으로 보인다"고 한다. 따라서 아래에 나와 있는 리스트를 보면서 '아~ 나도 저런 경우에 영향을 많이 받는데'라는 생각이 든다면, 그것은 당신이 매우 민감한 기질을 갖고 있음을 보여주는 또 하나의 지표가 될 수 있다.

- 군중(사람들이 붐비는 곳)
- 심한 소음
- 사이렌 소리나 알람 소리
- 형광등같이 밝거나 부자연스러운 조명
- 심한 냄새
- 기온 변화 또는 기상 상태 변화
- 지자기 폭풍geomagnetic storm 또는 태양 표면 폭발
- 전자기장electromagnetic fields(EMF) 방출
- 공간이 없거나 과도한 자극을 가라앉힐 방법이 없을 때

- 자연 속에 있지 않을 때
- 달의 주기—특히 초승달과 보름달일 때
- 사람들 앞에서 말할 때
- 낯선 사람들을 만날 때
- 심리적으로 압박을 느끼거나, 한 번에 아주 많은 일을 해야 할 때
- 마감일
- 누군가에게 관찰당하거나, 시험을 보거나, 평가받을 때

전자기장EMF은 전기적으로 충전된 물체들에서 뿜어져 나오는 전기장과 자기장이 합쳐진 것이다. 가시광선과 같은 자연 전자기장도 있지만, 인공적인 전자기장도 있다. 전기 제품들은 저주파 전자기장을 방출하고, 무선 장치, 휴대폰, 컴퓨터, 전자레인지, MRI 스캐너, X-레이 기계와 같은 제품은 고주파 전자기장을 내보낸다. 전자기 민감성(극초단파 병microwave sickness이라고도 알려져 있음)은 특히 집중력 저하, 수면 문제, 우울증, 두통, 심장 두근거림, 피로감 등의 증상을 유발할 수 있다. 그리고 HSP들은 일반인보다 전자기장으로 인한 영향에 더 취약할 수 있다.

위에 나열한 목록은 완전하지는 않지만 HSP들과 그들의 지나치게 자극된 신경계에 영향을 줄 수 있는 주요 환경 요인들을

잘 보여주고 있다.(비록 이러한 상황이 과잉 자극을 일으킬 수는 있지만, 그렇다고 해서 HSP들이 계속해서 과각성 상태나 '압도된' 상태에 있다는 뜻은 아니다.)

여러분은 이제부터 HSP로 살아가는 것의 장점과 단점 모두 명확히 이해하게 될 것이다. 주요한 장점으로는 HSP인 우리가 감지할 수 있는 미묘한 것들, 다양한 문제 해결 능력, 높은 수준의 직관, 감정이입 능력, 연민, 큰 그림을 볼 수 있는 능력 등이 있다. 앞의 비앙카 아세비도와 아론 박사 등이 한 연구에서는 "매우 민감한 뇌는 타인이 필요로 하는 것을 매우 잘 감지하고 반응할 수 있게 해준다"는 사실도 입증했다. 나의 HSP 내담자 중 몇몇은 민감한 기질의 장점을 이렇게 말한다.

"누구나 다 할 수는 없는 나만의 방식으로 다른 사람을 도울 수 있는 것 같아요. 저는 대체로 사람들이 아무 말 하지 않아도 그들의 상황을 느끼고 감지하는 능력이 있어요."

"저는 겉으로 보이는 것과는 다른, 사람들이나 상황의 진실을 볼 수 있어요. 저는 어떻게 그들이나 그 상황을 치유해야 하는지 알아요. '큰 그림'을 볼 수 있거든요."

비록 몇 가지 단점이 있기는 해도, 그런 단점은 그들의 민감한 성향을 이해하는 사람이 많다면 훨씬 해결하기 쉬워질 것이다. 감당할 수 없는 일들은 대개 HSP가 주변 사람들처럼 되려고 하거나 최소한 그들처럼 보이려고 노력할 때 또는 일반인들을 '따라잡으려고' 할 때 생긴다. 다음에 나오는 'HSP들이 여행에서 겪는 어려움'이라는 이야기를 읽어보면 내 말이 무슨 뜻인지 잘 이해할 수 있을 것이다.

HSP들이 여행에서 겪는 어려움

대부분의 사람들에게 휴가와 주말 여행은 기쁨과 활력의 원천이다. 업무 관련 콘퍼런스나 트레이닝 과정조차 이들에게는 판에 박힌 일상에 변화를 줄 수 있는 반가운 일로 받아들여진다. 그러나 HSP들에게는 이러한 상황이 지나친 자극이 될 수 있다. 설사 그들이 휴가나 여행을 정말 정말 가고 싶거나 행사에 참여하고 싶다고 해도 말이다.

민감한 기질에 대해 알기 전에는 어떻게 내 주변 사람들이 여행을 가거나 낯선 곳에서 지낼 때 나처럼 힘들어하지 않는지 이해하기가 무척 힘들었다. 나의 경우에는 장거리 자동차 여행, 복작거리는 공항이나 기차역, 개인적인 공간이 부족한 것, 호텔 방에서 나는 온갖 냄새들, 기온의 변화 등으로 인해 감각 신경계가 지나치게 자극받곤 했기 때문이다. 동료들은 몇 시간씩이나 여행을 한 다음에도 곧바로 외출할 수 있었지만 나는 겨우 숨만 쉬는 정도였다. 나는 바깥세상의 소음, 사람들, 자극으로부터 철저히 벗어나 있어야 했다. 하지만 종종 죄책감에 시달리기도 하고, 나의 욕구를 돌보는 것과 사람들의 흥을 깨는 것 사이에서 내적 갈등을 겪기도 했다.

많은 경우 나는 동료들의 압박에 굴복해, 과각성 상태라는 몸의 메시지를 무시하고 곧바로 외출을 하곤 했다. 하지만 그렇게 함으로써 이미 과잉 자극되어 있는 신경계가 새로운 환경에 적응하기까지 시간이 훨씬 더 오래 걸렸고, 그로 인해 모든 상황이 더 악화되곤 했다. 외출했다 돌아오면 친구들은 머리가 베개에 닿자마자 곯아떨어졌지만 나는 밤새도록 말똥말똥한 채로 보내야 했고, 다음날 온종일 일정이 있어서 나만의 공간이나 시간을 가질 틈이 없을 때에는 이틀을 꼬박 새야 했다. 환경이 바뀌거나 음식이 달라지거나 잠을 못 자면 그것 때문에 두통이 생기고 몸이 아파서 이틀 동안은 정상적인 생활을 하지 못했다.

일주일짜리 여행을 떠나면 초반 며칠은 여행이라기보다 거의 고문 같았다. 나중에 가서는 자극이 좀 수그러들면서 감각 신경계가 환경에 적응하지만, 여행의 기쁨을 채 맛보기도 전에 일주일의 절반은 날아가 버리곤 했다.

하지만 민감한 기질에 대해 이해하고 무엇이 나를 자극하는지 잘 알고 난 다음부터, 나는 어떻게 그런 요소들을 다루고 나 자신을 보살피면 되는지 알게 되었다. 예를 들어 지금은 HSP 친구들이나 나에게 힘이 되어주는 일반인 친구들하고만 여행을 간다. 대개는 나 혼자 방을 쓰고, 처음 몇 시간 또는 며칠 밤은 혼자서 보낸다. 휴식을 취하거나 욕조에 몸을 담가 감각계가 환경에 적응할 수 있는 시간을 준다. 그리고 항상 에너지 보호 기법들(185쪽 참조)을 사용하고, 여러 가지 방법을 써서 지나친 각성 수준을 낮춘다. 그러고 나면 대개는 즐길 준비가 된다! 그러나 사람마다 이러한 상황들을 다루는 자기만의 방법이 있게 마련이므로, 당신에게 가장 효과가 좋은 방법이 무엇인지 알아가는 것이 중요하다.

과각성을 다루는 방법은 자기 관리를 위한 다양한 대처 방법들을 이야기하는 이 책 11장에서 더 자세히 소개할 것이다. 그 전에, 압도당할 때 어떤 기분이 되는지 설명해 달라는 나의 질문에 HSP 내담자들이 한 대답을 들어보자.

"저는 아주 조용해지거나 자신감이 넘치는 사람인 척해요. 압도당하기 시작하면 저 자신으로 있기가 굉장히 힘들어요."

"저는 스스로를 고립시켜요."

"혼자만의 시간을 가져요."

"내면으로 침잠하게 되고, 잠자고 싶어져요. 압도당한 느낌을 잊어버리기 위해 계속 바쁘게 지내려고 애쓸 때도 있어요."

이런 경험 중 어떤 것은 아마 여러분에게도 익숙하게 느껴질 것이다. 적어도 나에게는 확실히 와 닿았다! 'HSP들이 여행에서 겪는 어려움'에 나온 내 경험을 읽으면서 어쩌면 여러분은 내가 어떻게 그렇게 오래 교도소에서 근무할 수 있었는지 의아했을지도 모르겠다. 다른 어느 곳보다 부정성이 넘치는 그곳에서!

그래서 다음 장에서는 교도소에서의 전형적인 하루에 대해 HSP의 관점으로 이야기해 보려고 한다. 이 이야기를 통해 내가 왜 더 나은 대처 방안들을 찾게 되고, 민감한 기질을 효과적으로 다루는 자기 돌봄 기법들을 배울 수밖에 없었는지 보여줄 수 있다면 좋겠다. 그리고 궁극적으로는 여러분 역시 단순히 자신의 초민감성에 대처하는 수준을 넘어 건강하고 행복하게 살아갈 방법을 찾을 수 있다는 걸 알려주고 싶다.

2장

강철과 돌로
만들어진 세상에서

HSP 중에는 회사나 공공 기관뿐 아니라 어둡고 힘들고 거친 환경에서 일하는 사람도 많다. 많은 사람들이 굉장히 일 중심으로 살아간다. 이들 대부분은 목적 의식에 따라 열심히 일을 하면서, 직업적으로나 사회적으로 변화를 가져오고 싶어 하는 사람인 경우가 많다. 하지만 HSP들은 일반인들보다 자신을 더 몰아붙이거나 성과를 내려고 지나치게 애쓰기 쉽다. 자신의 민감한 기질을 숨기려고 하는 경우라면 특히 그럴 것이다. HSP들이 민감한 기질을 숨기려고 하는 이유는 서구 사회에서 민감성이 대개 약점으로 인식되기 때문이다.

부정적인 환경이나 어려움이 많은 환경에서 일하는 사람이라면 누구나 정도의 차이만 있을 뿐—민감성 여부와 관계없이—그 환경의 영향을 받게 마련이다. 하지만 나는 HSP로서 교도소라는 환경에서 일하는 것이 어떠했는지 나눠보려고 한다. 이야기를 듣고 나면 민감한 기질을 가리키는 주요한 지표들이 피부에 더 와 닿을 것이다. 이 지표들을 이해할 때 HSP로서 삶이나 직장에서 겪는 어려운 점을 알아차리기가 더 쉬워질 것이다. 그리고 그런 어려움을 인지할 수 있으면 2부에 나오는 자기 돌봄 기법들을 자신에게 맞게 조정해서 여러분이 겪고 있는 어려움을 헤쳐 나가는 데 쓸 수 있을 것이다. 이 장에는 내가 교도소에서 느낀 어두움과 고통이 반영되어 있어 어쩌면 읽기가 쉽지 않을 수도 있다. 하지만 이런 곳들에도 빛과 연민을 가져오려는 훌륭한 작업들이 많이 이루어지고 있으니 안심하기 바란다.

하루 일과

나는 매일 어떤 일이 일어날지 전혀 알지 못한 채 정문으로 걸어 들어간다. 안전과 통제, 질서를 유지하기 위한 엄격한 관리 제도가 있기는 해도, 무슨 일이 일어날지 한 치 앞도 알 수 없는 게 교도소의 현실이다. 상황이 꽤 조용하고 평온한 날조차도 나의 감각 민감성은 여전히 그곳 직원들과 수백 명의 남자 죄수들에게 둘러싸인 상황을 감당해야 한다. 아침에 출근해서 감방 앞을 지나갈 때는 거기서 나는 냄새만으로도 정신이 혼미해질 때가 있다.(내가 근무하던 첫해만 해도 죄수들이 밤새 사용한 용변통을 오래된 건물 한 곳에 가져다 비워야 했다.)

감방에 들어가면 폐소공포증을 느끼기도 했다. 침대 하나와 작은 찬장, 싱크대, 용변기, 창살이 쳐진 작은 창문 하나로 이루어진 작디작은 공간에 들어가면 나는 마치 우리에 갇힌 동물이 된 듯한 느낌에 사로잡혔다. 처음 2년 동안은 가끔씩 죄수들의 표정과 늑대 휘파람(보통 남자들이 지나가는 매력적인 여자를 향해 앞은 짧게 올렸다가 뒷부분은 길게 내리며 내는 휘파람 소리—옮긴이), 때때로 날아드는 음담패설에 정신적으로 성폭행당하는 듯한 기분이 들기도 했다. 이것이 그곳에서 일하면서 가장 힘든 것 중 하나가 아니었을까 싶다.

하루의 어떤 시간대에는 소음이 점점 커지기도 했는데, 그럴 때는 종종 마치 누군가 내 귀에 헤드폰을 씌워놓고 볼륨을 최대치로 올린 듯한 느낌이 들곤 했다. 창문들은 전부 작고 창살이 쳐져 있어 자연 조명이라곤 거의 없고 사방이 밝은 형광등 불빛으로 가득했다. 사무실 어디에나 전자기파를 내뿜는 컴퓨터와 전자 기기가 놓여 있었고, 나는 늘 에너지장에 영향을 끼치는 보안용 무전기를 몸에 차고 다녀야 했다. 죄수들이 폭력을 휘두르거나 인질극을 벌일 위험이 항상 존재했고, 그것은 내 신경계가 늘 어느 정도 경계 상태에 있다는 뜻이었다. 즉 부신副腎이 내 몸을 과각성 상태로 만들 수 있는 스트레스 호르몬인 코르티솔을 지속적으로 내보내고 있었다는 의미이다.

어떤 때는 죄수들이 감방을 때려 부수거나 누군가를 공격하려 드는 상황에 맞닥뜨리기도 한다.(아마도 스테로이드 복용으로 인한 스테로이드 분노steroid rage나 약물로 인한 정신병을 겪고 있어서 생기는 일일 것이다.) 나는 또한 약물 과다 복용으로 위기 개입crisis intervention(위기 상황을 안정시키기 위해 즉각 개입하여 한시적으로 심리 치료 처치를 하는 것—옮긴이)을 받고 병원에서 돌아오는 죄수들도 다루어야 했다. 심적인 고통 때문에 여러 차례 자해를 하는 죄수들도 있었다. 그들에게는 위험 평가risk assessment를 실시해서 자살 위험이 있는 죄수는 감시를 해야 했다. 날마다 겪는 고통뿐 아니라 트라우마도 있었다. 물론 이것은 감옥에서 일하는 사람들에게만 해당하는 사안은 아니다. 군대나 응급구조대, 보건 기관이나 사회복지 단체 들도 같은 어려움을 겪는데, 이것은 누구에게든 너무나 힘든 일이다.

그런데 HSP들이 감정이입을 아주 잘한다는 것은 다른 사람의 느낌과 감정을 마치 자기 것인 양 느낄 수 있다는 뜻이다. 그런 이유로 우리 HSP들은 어려운 사건들을 소화하는 일이나 다른 사람의 감정과 자신의 감정을 분리하는 일에 남들보다 시간이 오래 걸린다. 민감성 문제를 가지고 자기 계발 작업을 한 번도 해본 적이 없는 HSP라면 더욱 그럴 것이다.

때때로 긴장이 쌓여 폭발할 것 같을 때면 나는 마치 건물들이 분노로 우르릉거리는 듯한 기분이 들었다. 큰소리로 음란한 말을 쏟아내는 수감자들로부터 나오는 부정적 기운에서는 마구 쏘아대는 벌떼 속을 걸어서 지나가는 듯한 느낌을 받았다. 가끔씩 소란이 일어날 때면 상황이 정말 험악해지기도 했다. 동료가 공격당하는 모습을 목격하는 건 매우 고통스러운 일이었고, 지나친 분노와 폭력성 때문에 저지당하는 죄수를 보고 있노라면 마치 쇠사슬에 묶인 채 먹잇감을 죽이려고 날뛰는 한 마리 짐승을 보는 것 같았다. 이런 사건을 해결하는 과정에서 교도관들은 종종 멍이 들거나 다쳤고, 그 일에 관계된 모든 사람들 몸에서 아드레날린이 솟구쳤다. 이런 날에는 나의 과각성 및 과잉 자극 수위가 정상 수치를 훌쩍 뛰어넘어, 사건 이후 최소 하루나 이틀 동안은 잠을 이룰 수 없을 정도로 몸이 경계 상태에 들어가곤 했다.

이런 환경에서 일하는 사람은 누구나 어려움을 느끼겠지만, HSP의 경우 스트레스에 반응하는 뇌 영역의 활동이 증가함에 따라 그 어려움이 여러 차원에서 증폭된다는 사실이 과학적으로 증명되었다. 여기에 수많은 HSP들이 그렇듯 어떤 상황에도 대처할 수 있는 강한 모습을 보이려는 태도까지 더하면 이러한 상황이 어떤 대가를 치르게 할지 짐작할 수 있을 것이다. 돌아보면 가끔 내가 어떻게 지난 10년간, 심지어 초민감성 기질에 대해 알아차리고 또 배우고 난 다음까지도 그 일들을 다 견뎌냈을까 싶다. 하지만 다행히 나는 내가 가진 성향의 거의 모든 면을 효과적으로 다루는 법을 발전시켜 왔고, 이 책을 통해 그 방법을 여러분과 공유하려 한다.

지금쯤이면 아마 알았겠지만 민감한 성향이 주는 불이익은 꽤 명확하다. 하지만 HSP로 살아가는 데에는 다른 좋은 점도 많다. HSP들이 이런 좋은 점과 긍정적인 성향을 무시하거나 잊어버리는 경우가 흔하긴 하지만, 정말 많은 장점이 있다! 그러면 이제 다음 장으로 넘어가 민감한 기질이 진정으로 수용되고 받아들여졌을 때 얼마나 큰 선물이 될 수 있는지 살펴보자.

3장

결함이 아니라
선물이다

많은 HSP들이 자신이 지닌 놀라운 재능과 자질, 능력을 알아보거나 인정하는 데 큰 어려움을 겪고 있다. 사실 그런 좋은 점들에 대해 아예 인지조차 못하는 경우가 많은데, 그들에게는 그런 것들이 그저 평범하고 자연스런 자신의 일부일 뿐이기 때문이다. 민감한 기질이 야기하는 어려움 때문에 그것의 긍정적인 측면을 보지 못하거나 과소평가하는 HSP들도 있다.

이 장에서는 HSP들이 지닌 놀랍도록 긍정적인 자질을 다시금 상기시키고자 한다. 그러고 나면 많은 사람들이 '결함'이라고 여기는 민감함을 '선물'이라는 새로운 시각으로 바라볼 수 있을 것이다. 이 장을 읽으면서 스스로 HSP라고 생각하는 사람들이 자신을 더욱 깊이 사랑하고 존중하며 본연의 모습 그대로 더욱 행복하게 살아갈 수 있기를 바란다.

지난 몇 년간 상담사로, 치유사로 일하면서, 그리고 다른 HSP들과 함께 일하면서, 나는 HSP들에게서 가장 일관되게 나타나는 자질과 능력이 무엇인지 알게 되었다. 그것은 다음과 같다.

- 높은 감정이입(공감) 능력
- 뛰어난 직관
- 자애심과 연민
- 훌륭한 경청 능력
- 정직함
- 관대함
- 타고난 치유 능력
- 사람들이 거짓말을 할 때 알아채는 능력
- 뛰어난 창조성
- 자연과 동물에 대한 깊은 이해
- 큰 그림을 볼 줄 아는 능력
- 훌륭한 문제 해결 능력
- 매우 양심적임
- 충성심이 강함

- 다른 사람들이 알아차리지 못하는 미묘한 것들을 알아차리는 능력
- 초자연적인(영적인) 능력

　흥미롭게도 이런 특징들은 그들이 자신의 이러한 자질을 알고 있는지 아닌지와 관계없이, 많은 HSP들을 창조성과 예술성이 발현될 수 있는 직업, '조언자'적 자질이 활용될 수 있는 직업, 사랑이나 연민, 치유가 필요한 분야의 직업으로 이끄는 것 같다. 매우 민감한 사람들이 자주 선택하는 직업을 몇 가지 들어보면, 교사, 작가, 테라피스트, 힐러, 예술가, 연구원, 간호사, 의사, 사회복지나 보건 복지 종사자 등이 있다. 사회적 부당함에 관심이 있어 법률이나 사법, 공공 안전 분야에 끌리는 이들도 있다. 자선단체, 특히 학대받는 아이들이나 사람들, 동물, 환경 문제를 다루는 단체에서 일하는 이들도 많다. 물론 다른 직업이나 역할에서도 당연히 HSP들을 볼 수 있다. 특히 그들이 지배와 공격성에서 평화, 사랑, 보호 쪽으로 사람들의 관심을 돌릴 수 있다고 여길 때는 직업이나 분야를 가리지 않고 일할 수 있다. 이런 이유로 힘든 일이 많은 직업군에서 종종 HSP를 발견할 수 있다.
　HSP들이 사회에 크고 값진 공헌을 할 때가 자주 있는데, 이러한 공헌은 일본이나 스웨덴, 중국처럼 민감한 기질과 관련된

행동을 수용하고 장려하는 문화가 있는 나라들에서 더 크게 인정받는 경향이 있다. 예를 들어 일본에서는 손놀림이나 몸짓, 다른 사람들의 기분에 '맞추는 것', 말없이 가만히 있는 것 등이 중요한 의사소통 기술로 여겨지며, 그래서 남들보다 민감한 기질이 더욱 소중하게 여겨진다. 그러나 문화 속에 물질주의가 뿌리 깊게 자리 잡은 나라들은 이 정도 수준으로 민감성을 수용하기엔 아직 갈 길이 멀어 보인다.

나는 개인적·직업적·사회적 차원에서 민감성에 대해 새롭게 눈뜰 시기가 왔다고 생각한다. 기존의 많은 사고방식들이 HSP들의 마음에 깊은 집단적 생채기를 남겼고, 그 결과 많은 HSP들이 자신을 '결함 있는 존재'로 바라보는데, 이러한 생각은 이제 치유될 필요가 있다. 아래 글은 민감성을 결함이 아니라 선물로 바라볼 수 있도록 도와주는 아름다운 우화이다.

금 간 물동이의 아름다움

매일 물동이 두 개를 나르는 사람이 있었다. 그는 스승의 집에 물을 갖다 드리기 위해 물동이를 날랐다. 물동이 하나는

튼튼해서 물이 한 방울도 새지 않았지만, 다른 하나는 금이 가서 물이 줄줄 새는 바람에 스승님 집에 도착할 때쯤이면 물이 반밖에 남지 않았다. 금이 간 물동이는 자기가 다른 물동이와 다르다고 생각했고, 자신을 늘 불리한 쪽으로 비교하면서 어쩐지 자신이 부족하고 모자라다고 느꼈다.

어느 날 금 간 물동이는 물동이 나르는 사람에게 "저 때문에 더 힘들고 일이 많아져서 죄송해요"라고 부끄러워하며 사과했다. 금 간 물동이는 자신에게 결함이 있다고 느꼈지만, 물동이 나르는 사람은 다정함과 연민의 마음으로 물동이를 지고 다녔다. 그는 금 간 물동이에게 자기들이 매일 다니는 길 한쪽으로 꽃들이 자라고 있는 것을 보라면서, "그런데 이쪽으로는 꽃이 없는 게 보이냐?"고 물었다. 그는 씨앗에 물이 떨어지면 거기에서 아름다운 꽃이 피어날 것을 알고 금 간 물동이를 지는 쪽으로 쭉 꽃씨를 뿌렸다고 했다.

물동이 나르는 사람은 모든 사람들이 감상할 수 있도록 이 꽃들을 꺾어 스승님 댁에 갖다놓았다. 그는 금 간 물동이에게 "네가 지금의 모습이 아니었다면 집을 장식할 아름다운 꽃들도 없었을 거야"라고 했다.

많은 HSP들이 높은 민감성 때문에 자신이 어딘가 약하고 부족한 것 같다고 느끼며, 이야기 속의 물동이처럼 자신을 결함 있는 존재라고 생각하곤 한다. 그러나 금 간 물동이가 물을 떨어뜨려 꽃들이 자라도록 도왔듯이, 대부분의 HSP들 역시 자신은 의식하지 못해도 친절함, 연민, 공감, 사랑, 창조성의 물방울을 떨어뜨려 다른 사람들이 성장하고 꽃을 피우도록 돕는 경우가 많다. 이제는 우리의 민감성을 다시 바라보며, 우리의 '금'을 강점으로 인식하고, 우리의 강점이 세상에 아름다운 무언가를 가져오는 힘을 갖고 있다는 사실을 깨달아야 할 때이다. 민감함은 우리를 약하게 만들지 않는다. 그것은 오히려 우리 존재의 핵심이자 진정한 삶의 목적을 찾도록 도와주는 필수 요소이다.

우리가 지닌 다양하고 아름다운 '민감한' 자질들을 더 잘 알아차릴수록, HSP가 맞닥뜨리는 어려움에 더욱 잘 대처해 나갈 수 있을 것이다. 그러면 다음 장에서 HSP들이 가장 흔히 겪는 어려움이 무엇인지 살펴보자.

4장

HSP들이 맞닥뜨리는
열 가지 어려움

살아오는 동안 초민감성 기질로 인해 많은 어려움을 겪은 나는, 이 분야에서 상담일을 시작했을 때 다른 HSP들도 나와 같은 문제를 겪고 있는지 궁금했다. 그래서 어떤 집단적 주제들을 찾아낼 수 있을지 내담자들을 통해 살펴보기로 했다. 연구 결과 나는 'HSP들이 맞닥뜨리는 주된 어려움 열 가지'를 추려낼 수 있었다.

당신이 HSP라면 아마도 이러한 어려움을 쉽게 알아볼 것이고, 그것들이 지닌 복잡성에 대해서도 잘 알고 있을 것이다. 하지만 HSP가 아닌데 사랑하는 사람의 민감한 기질을 더 잘 이해하고 싶어서 이 책을 읽고 있다면, 부디 이 책을 통해 사랑하는 사람이 씨름하고 있을 골칫거리들을 이해하고, 이를 발판삼아 그런 어려움에 대해 이야기 나눌 수 있게 되기를 바란다. 그러면 순위에 관계없이 HSP들이 흔히 겪는 어려움 열 가지에 대해 이야기해 보자.

1. 타인의 감정을 스펀지처럼 흡수한다

HSP들은 천성적으로 마음이 따뜻하고 감정이입을 잘한다. 사회신경과학자인 비앙카 아세비도와 그 동료들의 연구에 의하면, HSP들에게 종류에 관계없이 강력한 감정이 드러나는 얼굴 사진을 보여주자 감정이입과 연관된 뇌 부분이 일반인보다 활발하게 반응하고 거울 뉴런계도 더 활성화되었다고 한다. 거울 뉴런은 우리의 공감 능력과 연결되어 있다. 거울 뉴런의 활성화나 생물학적 신경계에서 HSP와 일반인이 보여주는 차이는 왜 HSP들이 남들보다 쉽게 진이 빠지거나 압도당하거나 번아웃이 되는지 설명해 준다.

부정적인 환경 역시 HSP들의 에너지를 고갈시킬 수 있다. 예를 들어 지나친 소음이나 많은 사람들에게 둘러싸이면 HSP들은 크게 자극을 받고 기진맥진해지며 불안정한 상태에 빠질 수 있다. 이런 경우 HSP들은 흔히 혼자만의 시간을 가지면서 외부로부터 흡수한 에너지를 내보내고 재충전해야겠다는 필요를 느낀다. 심지어 다른 사람들의 신체 증상을 자신의 몸에서 똑같이 느끼는 사람도 있다.

팁: 단계석으로 조치를 취하여 당신과 당신의 에너지장을 보호하고, 주변 사람이나 상황에서 너무 많은 부정적 에너지를 흡수하지 않도록 한다. 13장에 부정적인 에너지를 덜 흡수하도록 도와주는 몇 가지 연습 방법이 소개되어 있다.

2. 감정적으로 매우 민감하다

HSP들은 기쁨, 친절, 사랑과 같은 긍정적인 감정에 깊이 감화되고, 심지어 눈물을 흘리는 경우도 많다. 이와 반대로 죄책감, 수치심, 두려움, 상처받음, 상실, 쓸모없다는 느낌, 질투, 분노, 배신감 같은 부정적인 감정에 대해서도 일반인보다 훨씬 더 괴로워한다. 따라서 HSP들은 비난이나 평가를 받는 경우, 또 상대가 거짓말을 하거나 바람을 피우는 경우에 쉽게 마음의 문을 닫을 수 있다. 또 그런 경험에서 회복되는 데도 덜 민감한 사람들보다 일반적으로 더 오랜 시간이 걸린다. 아세비도, 아론 및 다른 연구진이 실시한 연구에 따르면, 뇌섬엽insula이라고 불리는 뇌 영역(특히 내면적인 감정 상태에 대한 그때그때의 알아차림을 통합하는 기능을 맡고

있다)이 일반인보다 HSP에게서 더 많이 활성화되는 것으로 나타
났다.

> 팁: 감정적인 면을 타고났음을—원망하고 저항하기보다는—
> 받아들이고 관리하는 쪽으로 자신을 계발해 간다면 감정이
> 격해지는 상황에 충분히 대처할 수 있다. 민감성이 여러분을
> 좌지우지하고 꼼짝 못하게 만드는 대신 민감성이 가진 힘에
> 의지할 수 있기 때문이다. 아니면 자격이 있는 상담사의 도움
> 을 받아 감정적인 어려움을 해결하고 마음의 평화를 찾는 방
> 법도 있다.

3. 소속감을 느끼지 못한다

HSP들에게 외톨이라는 느낌은 흔히 가족 안에서, 즉 사고방
식이나 행동뿐만 아니라 세상을 바라보는 시각까지 가족들과
굉장히 다르다는 느낌을 받으면서 시작된다. HSP들은 자신을
가족 속의 '미운 오리 새끼'처럼 여기기도 하고, 가족과 함께 있
을 때 혼자 이방인이 된 것처럼 느끼기도 한다. 많은 HSP들이
주변 사람들과 어울리기 위해 또는 남들과 다르게 보이지 않기
위해 사람들에게 자기를 맞추고 그들과 비슷해지려고 노력하면

서 어린 시절을 보낸다.

팁: 왜 남들보다 민감한 사람들이 이방인 같은 기분을 느끼는지 영혼의 관점에서 이야기하는 이 책 18장을 읽어보고, 2부에 나오는 자기 돌봄 기법을 활용해 이러한 느낌을 전환시킨다. '태핑'(12장 참조)이라고도 알려진 EFT가 기분 전환에 특히 효과가 좋을 수 있다. EFT는 심리학과 지압법을 결합한 것으로, 정체된 생각, 감정, 신념을 흘려보내는 데 도움이 된다.

4. 힘든 어린 시절을 보냈다

나에게 상담을 받은 많은 HSP들이 어린 시절을 매우 힘들거나 고통스럽게 보냈던 것 같다. 어릴 때 왕따를 당하거나 학대를 받은 경험도 몇몇 사람에게서 공통으로 나타났다. 하지만 모든 HSP들이 힘든 어린 시절을 겪는다고 오해해서는 안 된다.

HSP들이 자신의 어린 시절에 대해 들려준 이야기 중 일부를 옮겨본다.

"어렸을 때 다른 애들과 다르다고 학교에서 왕따를 당했어요."

"어른들의 감정을 쉽게 감지할 수 있었고, 그것 때문에 혼란스러웠어요. 그런 감정들을 이해할 수 없었거든요. 어렸을 때 저는 아주 민감하고 수줍음 많은 아이였어요."

"저는 부끄럼이 많은 아이였어요. 거절당하는 데 민감하고, 혼자 남겨지는 게 싫었어요. 학교 생활에 잘 적응하지 못했던 것 같아요. 십대 초반에 언어 폭력으로 괴롭힘을 당하면서 내성적이 되었어요."

팁: 어린 시절에 당한 괴롭힘이 어른이 된 지금까지도 삶에 해로운 영향을 끼치거나 정신 건강에 영향을 주고 있다면 전문가와 이야기해 보기 바란다. 인지 행동 치료 상담을 통해 도움을 받을 수 있을 것이다. 인지 행동 치료에 대해 의사에게 물어볼 수도 있다. 또는 정신 건강 관련 자선 단체에 연락해 도움을 요청하고, 이후에 어떻게 하면 되는지 조언을 받는 방법도 있다.

5. 자존감이나 자기 가치감이 낮다

HSP들 가운데 낮은 자존감과 낮은 자기 가치감self-worth(자신이 사랑받을 만한 가치가 있는 사람이라는 인식—옮긴이), 자신감과 자기 사랑의 부족, 모자라다는 느낌 때문에 힘들어하는 사람들이 있다. 이런 현상은 어린 시절부터 민감한 성향 때문에 비난을 받거나 평가를 받고 창피함이나 수치심을 느낀 경우에 많이 발생한다. 그 결과 많은 HSP들이 남들의 비위를 맞추는 데 급급하거나 다른 사람들을 '고치거나' 구제하려고 애를 쓴다. 그러나 이러한 행동은 그들 자신의 충족되지 못한 욕구를 채우려는 무의식적 충동에서 비롯되었을 가능성이 크다.

팁: 10장의 '자기를 사랑하는 방법'이 이 문제를 해결하는 데 좋은 시작점이 되어줄 것이다. 10장에서는 HSP로서 자신을 꽃피우고 성장시키는 첫걸음을 뗄 수 있도록 날마다 자신감을 북돋는 간단한 방법들을 소개하고 있다.

6. 인간 관계에서 어려움을 겪는다

상담을 받고자 나를 찾아온 꽤 많은 수의 HSP들이 애정 관계에서 어려움을 경험한 전력이 있었다. 파트너가 그들의 민감한 기질을 이해하지 못해서, 또는 신경이 곤두서거나 압도되어 있을 때 그들이 혼자만의 시간을 필요로 하는 것을 이해하지 못해서 벌어지는 문제였다. 민감한 성향이나 혼자만의 시간을 요구하는 것 때문에 자주 다툼이 일어났고, 양쪽 모두 원망의 감정이 쌓여갔다. 또 많은 HSP들이 관계 초기에 '너무 감정적'이라고 평가받을까봐 두려워 감정을 감추고 '거짓 가면'을 써 자기가 진짜로 어떤 사람인지 숨기는 경향이 있다. 따라서 파트너는 HSP들이 진정으로 바라는 감정적 욕구가 무언지 알 수 없는(심지어는 그런 게 있다는 것조차 알 수 없는) 경우가 많다.

나이가 들어가면서 이 가면이 몸에 뿌리 깊이 스며들면, HSP들은 결국 진정한 연결감을 느끼지 못하는 사람과 짝을 맺는다든지, 중독자나 나르시시스트처럼 애정에 굶주린 사람들과 돌봄 중독적인co-dependent 관계(보통은 'co-dependent'를 '상호 의존적'이라고 번역하지만, 배우자나 파트너가 서로 '돌보는 역할'에 중독된 상태를 나타내는 원래의 의미를 살려 '돌봄 중독적'으로 옮겼다—옮긴이), 즉 자신의 감정적 욕구는 들어설 자리조차 없는 관계를 맺고 있다는 걸 발견하게 된다.

HSP들은 건설적인 친구 관계를 맺는 데도 어려움을 겪을 수 있다. 남에게 베풀고 이야기를 잘 들어주는 타고난 특성 때문이다. 이러한 성향 때문에 한쪽이 일방적으로 끌고 가는 친구 관계를 맺기 쉽다. 그리고 막상 자신이 도움을 받아야 하는 때가 오면, 그 관계 안에 자신을 향한 도움은 존재하지 않는다는 사실을 깨닫게 된다.

팁: 자기 삶에 어떤 종류의 관계들이 있는지 들여다본다. 그 관계들이 서로에게 도움이 되는지 살펴본다. 예를 들어 당신은 늘 상대를 챙기고 모든 것을 준비하는 데 반해 상대는 그냥 나타나서 시중을 받기만 하는가? 관계 안에서 주기와 받기, 말하기와 듣기 사이에 균형이 있는가? 그렇지 않다면 주고받기, 말하고 듣기 사이에 균형이 잡힐 수 있도록 조치를 취해 나아가라.

7. 건강에 문제가 있다

HSP들은 고통에 극도로 민감하고, 만성피로나 섬유근육통, 불면증 같은 질병에 걸리기 쉽다. 많은 HSP들이 알레르기나 과민증, 과민성 대장 증후군, 소화기 문제로 고생한다. 육체적 차원에서 보면 이런 현상이 음식이나 화학 물질 과민증과 관련이 있지만, 감정적 차원에서 보면 HSP가 다른 사람들의 문제를 '소화'하거나 처리하는 것과 관련될 수 있다. 치료사이자 힐러로서 나는 우리의 정신/감정과 신체는 늘 서로 관련이 있음을 알게 되었다. 우리 안의 '편치 않음dis-ease'('disease'는 '질병'을 뜻한다―옮긴이)은 길게 가면 신체적 증상으로 나타날 수 있고, 실제로 그렇게 되는 경우가 많다.

상담 경험을 통해서 나는 몇몇 HSP들이 자신의 민감성에 대처하는 방법으로 약물을 남용한 적이 있음을 알게 되었다. 이러한 남용의 대상은 카페인일 수도 있고(소진되거나 지치는 것 때문에, 또는 감정의 스펀지가 되는 것 때문에), 불특정 음식일 수도 있고, 초콜릿처럼 구체적인 먹거리일 수도 있고(위안을 얻기 위해서 또는 일종의 보호막으로서), 술이나 마약일 수도(긴장 이완이나 도피를 위해서) 있다. 그런가 하면 일 중독처럼 사회적으로 좀 더 용인되는 중독 수단을 사용해 HSP로서 맞닥뜨리는 어려움을 '무감각하게' 하는 경우도 있다.

팁: 중대한 건강 문제 등에 대해 긍정적인 자기 돌봄 루틴을 만든다. 여기에는 전문가에게 검사를 받는 것도 포함된다. 매일 산책하기나 규칙적인 운동하기 같은 쉽고 간단한 활동, 잠들기 전 목욕하기나 날마다 간단한 마음챙김 수련하기 같은 긴장 이완 방법은 건강과 행복을 크게 증진시켜 줄 수 있다. 자기 돌봄을 등한시하는 경향이 있는 HSP에게는 특히 더 그렇다. 감정과 건강의 관계에 대해 더 자세히 알고 싶다면 루이스 헤이Louise Hay의 《치유*You Can Heal Your Life*》(한국어판 제목—옮긴이)를 읽어보기 바란다.

8. '내면의 어둠'을 받아들이기 어려워한다

우리는 누구나 쾌락이나 권력 추구 같은 원시적인 본능을 갖고 있다. 그러나 HSP들은 일반적으로 착하게 살고 싶어 하고 남몰래 선행을 베풀고 싶어 하는 마음씨 고운 사람들로, '어둡다'고 여겨지는 자신의 일부를 받아들이기 어려워하는 경우가 많다. 어둠에 대한 거부는 부정적이라고 여기는 감정을 억누르는 경향으로 이어질 수 있다. HSP들이 특히 인정하거나 표현하기 어려워하는 감정 중 하나는 분노이다. 왜냐하면 그들은—독실한 영적 믿음을 가지고 있는 경우라면 더더욱—분노란 무례하고 남에게 상처를 입히는 감정이라고 생각하기 때문이다.

그러나 "저항하는 것은 끈질기게 지속된다"는 말처럼, 부인이나 억압은 그러한 감정을 오히려 증가시켜 부적절한 방식으로 튀어나오거나 부적절한 대상을 향해 표출하게 만들고, 그럴수록 그들 자신은 죄책감과 양심의 가책으로 더 괴로워하게 된다. 따라서 건강하게 감정을 표출하고 억압된 감정을 해소하는 안전하고 적절한 방법을 찾는 것이 HSP들에게는 매우 중요하다.(2부의 9장과 12장 참조)

팁: 일단은 베개를 주먹으로 치거나 베개에 대고 소리를 지르는 것이 분노를 건강하게 표출하는 방법 중 하나라는 것 정도

만 알아두자. 이 방법을 써보라고 하면 내담자들이 처음에는 유치하다고 생각하지만 곧 좋은 효과를 본다. 어딘가 조용한 곳—승용차 안이 됐든, 조용한 방이 됐든, 사생활이 보호되고 조용하다고 느껴지는 장소—에 가서 큰소리로 악을 쓰기를 좋아하는 사람들도 있다.

9. 부모나 다른 가족 구성원의 부모 노릇을 한다

내게 상담을 오는 HSP들은 종종 실제 나이보다 더 나이 들고 지혜롭게 느껴지는데, 이들은 무의식적으로 부모 역할을 맡아하면서 다른 가족 구성원들을 변화시키거나 그들의 의식 수준을 바꾸기도 한다. 부모가 자신들의 민감성을 이해하지 못하거나 감정적으로 닫혀 있는 경우일수록 그렇다. 그들 자신이 부모로부터 제대로 양육받지 못하고 자란 것을 무의식적인 차원에서 바로잡으려고 하는 행동일 수도 있다.

이 과제를 해결하는 건강한 방법은, 다른 사람을 바꾸는 것은 나의 책임이 아니라는 사실을 알아차리고 그 욕구를 내려놓는 것이다. 우리가 할 수 있는 일은 다른 가족들에게 반응하는 방식을 바꾸는 것뿐이다. 다른 사람을 바꾸려는 욕구를 내려놓기 위해서는 일정 기간 가족과 물리적인 거리를 두고 자신의 습관적인 사고방식과 행동 양식을 고쳐나가는 것이 도움이 된다고 많은 이들이 말한다. 다른 사람을 바꾸고 싶은 욕구를 내려놓음으로써 HSP들은 에너지적으로 자신을 해방시킬 뿐 아니라 그것이 남들에게 받아들여지고 싶다는 자신의 투사에 불과했음을 인정하기 시작한다.

팁: 다른 사람을 바꾸려는 마음을 내려놓을 때 쓸 수 있는 가장 간단한 방법은 다른 사람과 자기 자신 둘 다를 받아들이는 연습을 하는 것이다. "나는 나를 있는 그대로 받아들이고, 다른 사람도 그 사람 모습 그대로 받아들입니다"와 같은 간단한 확언確言을 매일 반복해서 말하는 것으로 시작해 볼 수 있다. 그러나 가족들에 대한 감정을 철저히 놓아주기 위해서는 치료사의 도움을 받는 것도 좋다. 그렇게 하면 더 많은 에너지가 풀려나오면서 다른 사람이 아니라 당신 자신의 내면 아이를 양육할 수 있을 것이다.

10. 만족스럽지 않다

HSP들을 상담해 보면 자신이 뭔가 세상에 도움을 주고 있다는 기분을 느끼고 싶어 하는 사람들이 많다. 그 결과 많은 HSP

들이 세상을 좋게 만들고 있다는 기분이 들지 않으면 자기가 직업을 잘못 택한 것이라고 믿고 있었다. 그래서 그들은 자기가 '하기로 되어 있는' 일이 무엇인지 찾는 데 많은 시간을 보낸다. 하지만 사실은 어떤 직업을 선택하더라도 우리는 우리의 일면을 반영할 수 있고 내적인 욕구도 채울 수 있다.

　개인적인 의견을 말해보자면, 나는 부모님이 열심히 일을 했으나 돈이 별로 없는 가정에서 자랐다. 지금 와서 생각해 보면 내가 은행에서 근무한 10년은 경제적인 안정에 대한 나의 욕구를 반영한 것이었다. 그리고 그 후로도 내가 한 모든 일들이 오늘날 내가 열정을 갖고 하는 일의 밑거름이 되었다. 우리가 그렇게 보기로 선택하기만 한다면 어떠한 직업이건 더욱 만족스러운 목표를 향해가는 데 유용한 디딤돌이 될 수 있다.

　팁: 지금까지 당신이 한 일들을 전부 적어본다. 그 일들을 하면서 익힌 여러 가지 기술과 자질, 그 일들이 충족시켜 준 다양한 욕구에 대해, 그 당시 이미 알고 있었든 아니든 관계없이 시간을 가지고 반추해 본다. 그런 경험이 다른 사람들을 돕거나 변화시키는 데 얼마나 기여했고 또 기여할 수 있는지 스스로에게 물어본다.

HSP로서 살아가는 데서 오는 열 가지 어려움이 당신에게도 와 닿는가? 이 중에서 자신에게 해당되는 항목을 얼마나 찾을 수 있었는가? 짐작건대 아마 어떤 항목은 별로 마음에 들지 않았을 것이다. 이를테면 8번에 나와 있는 '내면의 어둠' 같은 것이 그럴 수 있다. 그렇더라도 자신을 너무 밀어붙이지 말기 바란다. 세상에는 언제나 우리가 외면하고픈 문제가 있게 마련이다. 하지만 종종 그러한 도전 과제를 인정하고 해결하고자 할 때, 우리 삶을 연금술적으로 변화시키는 열쇠를 발견할 수 있다. 다음 장에서 그 내용을 자세히 살펴볼 것이다.

민감하지 않은 사회에서 매우 민감한 기질을 가지고 살아가는 것이 어려운 것은 분명한 사실이다. 좋은 소식은 스스로를 더 많이 알아차리고 받아들이고 사랑할 때 많은 문제가 극복될 수 있다는 것이다. 그리스의 철학자 소크라테스가 말한 것처럼 "자기 자신을 아는 것", 바로 거기에 진정한 열쇠가 들어 있다.

5장

본연의 모습을
되찾기

어린 시절부터 외톨이 같은 기분을 느끼는 것을 포함해 HSP들이 겪는 어려움은 굉장히 힘들 수 있다. 이런 일 중 일부가 HSP인 우리 자신에게 얼마나 깊은 영향을 끼쳤는지 알아보자. 이를 위해서, '다른 사람들이 어떻게 생각할까?' 하는 두려움 때문에 우리의 가장 긍정적인 자질들을 억압하지는 않았는지, 받아들여진다는 느낌을 받고자 사랑하는 사람들과의 관계에서 어떤 특정한 역할을 맡아오지는 않았는지, 거짓 가면 뒤에 숨어 자신의 약하거나 인정하고 싶지 않은 부분을 외면하지는 않았는지 등을 들여다볼 것이다. 변화를 위한 첫걸음은 알아차림이다. 일단 자신에게서 힘을 앗아가는 역할이나 행동을 스스로 하고 있다는 걸 알아차리고 나면, 우리는 그런 역할과 행동을 바꾸기 시작하고 타고난 본연의 자아와 다시 연결될 수 있다.

그림자를 인식하기

'그림자shadow'라는 개념을 처음 소개한 사람은 정신분석학의 창시자인 지그문트 프로이트Sigmund Freud(1856~1939)이다. '그림자'는 부분적으로 우리 성격의 무의식적이고 어두운 부분과 관련되어 있다. 프로이트는 이것을 '이드id'라고 불렀다. 스위스의 정신의학자로 분석심리학의 창시자인 칼 융Carl Jung(1875~1961)은 이 개념을 더 깊은 차원으로 가져가, 그림자에는 영웅이나 악당 같은 우리 성격 안의 '원형적 특성'이 들어 있다고 했다.

모든 인간 안에 빛과 어둠이 함께 존재한다는 사실을 인식하는 것은 중요하다. 둘 다 우리의 이원적 본성의 일부이다. 누구에게나 빛과 그림자의 양면—사랑과 두려움, 선과 악 등등—이 있다는 사실을 인식하지 못하면 그림자의 감옥에 갇힌 죄수가 되고, 자기도 모르는 사이에 그림자가 튀어나올 것이다.

HSP들의 경우, 성장기에 주변 사람들이 무지해서든, 오해를 해서든, 두렵거나 사랑이 없어서든 간에 그들로부터 부인당하고, 조롱받고, 비난받고, 자존감을 짓밟히고, 거부당했던 부분이 서서히 그림자가 된다. 우리는 어린 시절에 "그렇게 예민하게 굴지 마라" "넌 왜 그렇게 툭하면 우니?" "그렇게 감정적으로/이기적으로/욕심쟁이처럼 굴지 마라" "그렇게 화내지 마라" 등 수많은 '그러지 마라' 메시지를 받는다. 이런 모든 부정적 메시지가 우리로 하여금 이런 면들이 무언가 '나쁜' 것이라고 생각하게 하고, 그것들을 억눌러 보이지 않는 '그림자'로 만들게 한다. 따라서 우리가 무심코 그림자로 만들어버린 요소들을 알아차리는 것이 자유를 향한 열쇠가 될 수 있다. 즉 본연의 자아로부터의 분리를 치유하고 우리가 타고난 수많은 자질들에 다시 연결되도록 해주는 중요한 첫 단계가 될 수 있는 것이다.

불행하게도 많은 사람들이 자신의 그림자를 탐구하는 것을 어렵게 생각한다. 무엇을 보게 될지 두렵기 때문이다. 특히나 HSP들은 '어두움'을 '나쁜 것' '악마 같은 것'으로 오해하고 있어서 내면을 깊이 들여다보는 것을 더 두려워한다. 그러나 그림자 작업은 나쁜 것이나 악한 것을 찾아내는 것과는 거리가 멀다. 그것은 그저 우리 안에 있는 부분들—그것을 긍정적인 것으로 보든, 부정적인 것으로 보든—을 인정하고 사랑하는 법을 배우는 작업이요, 그러한 부분들을 통합시켜 온전함에 이를 수 있도록 건강하고 창의적인 방법을 찾아내는 작업일 뿐이다.

어린 시절의 잔재

어릴 때 받은 사랑에 대한 메시지는 평생에 걸쳐 우리가 취하는 특정 행동의 바탕이 되는 경우가 많다. 모든 어린이들이 무조건적인 사랑을 받지는 못한다. 상담심리학적 관점에서 보자면, 오히려 많은 아이들이 그들의 '존재'가 아니라 '행동'에 기반한 '조건적' 사랑만을 경험한다. 따라서 우리는 너무 쉽게 부모나 선생님, 친구들, 또 사회가 기대하거나 원하는 바에 따라 어떤 특정 역할을 맡게 된다.

그렇게 떠맡은 역할을 의식적으로 알아차리지 못하면 성인이 되어서까지도 그 역할을 계속 하고 있을 수 있다. 어떻게 보면 우리는 다양한 역할을 하는 배우가 된다고도 할 수 있다. 더 받아들여지고, 더 안전하게 느끼고, 더 사랑받기 위해서, 또는 당시에 우리에게 가장 중요한 욕구를 충족하기 위해서(인간의 기본적인 욕구에 대해서는 6장 참조) 상대가 좋아할 것 같은 행동은 하고 싫어할 것 같은 행동은 하지 않는 것이다.

우리가 떠맡았을 수도 있는 역할을 찾아내기

'가족 내에서의 역할'이라는 개념을 처음 제시한 사람은 1960 ~70년대에 유명했던 미국의 가족 치료사 버지니아 사티어

Virginia Satir이다. 나는 매우 민감한 사람과 그렇지 않은 사람 모두 어린 시절에 의식적으로든 무의식적으로든 여러 가지 역할을 맡을 수 있다는 걸 상담사가 되기 위해 트레이닝을 받으면서 알게 되었다. 다음 목록은 HSP들이 특히 공감하는 가족 내 역할들이다.

- 착한(또는 친절한) 아이
- 꼬마 능력자
- 꼬마 천사
- 광대 또는 조커
- 스스로 어린이
- 꼬마 반항아

아래 설명을 보면 그런 역할을 통해 우리가 무엇을, 왜 얻으려고 했는지 어느 정도 알 수 있다. 쭉 읽어보면서 의식적으로 그역할을 했다고 생각되든 아니든 특별히 공감 가는 내용이 있는지 살펴보기 바란다.

착한 아이

'착한 아이'는 '사랑받으려면 착하게 굴어야 한다'고 생각한다.

그래서 이런 아이들은 커서 '착한 친구'나 '착한 파트너'가 된다. 문제는 누구도 항상 착하거나 친절하기만 할 수는 없다는 점이다. 따라서 착한 아이는 '못됐다'고 여겨지는 것은 무엇이든 억누르고, 이것이 결국 그들의 그림자가 된다. 착한 아이는 항상 착하다는 인정을 받고 싶어 하며, 대개는 자기가 '썩 착하지 못할 것'이라는 근본적인 두려움을 갖고 있다.

꼬마 능력자

꼬마 능력자는 집에서나 학교에서나 누구보다 열심히 노력한다. 부모의 칭찬이나 감탄을 받기 위한 무의식적인 방법이다. 이러한 노력은 대개 사랑받을 자격이 있다고 느끼기 위한 방편으로, 사랑받지 못할지도 모른다는 두려움에서 생겨난다. 그 결과 애쓰지 않고 자연스럽게 또는 근심걱정 없이 무언가를 하는 모습은 이들에게서는 볼 수 없는 그림자가 될 수 있다.

꼬마 천사

꼬마 천사는 가족의 '도우미'로서, 자신을 제외한 모두에게 끊임없이 베풀고, 다른 사람을 행복하게 해주기 위해 자신의 욕구를 희생한다. 꼬마 천사들은 자라면서 자신이 '구원자' 역할을 하고 있음을 깨닫는 경우가 많다. 이들은 대개 계속해서 남을 구제하고 도와주다가 지쳐 나가떨어지는 지경에 이른다. 다른 사람을 구해주는 꼬마 천사들의 무의식적인 충동은 궁극적으로는 자기 자신을 구하라는 외침이다.

광대 또는 조커

광대나 조커는 대부분의 시간을 긍정적이고 행복한 태도로 보내거나 사람들을 즐겁게 해주면서 보낸다. 그렇게 해서 자신의 슬픔을 감추는 것이다. 어린 시절 자신의 진짜 감정이 사람들에게 받아들여지지 않는다고 느낄 때 이들의 가면 쓰기가 시작된다. 그런 감정이 가족이나 사회에 의해 부정적이라고 여겨질 때, 그런 감정이 사랑하는 사람들을 멀어지게 만들 때 특히 더 그렇다.

스스로 어린이

스스로 어린이는 자기 삶에 너무 많은 사람들을 들이지 않는다. 그들은 굉장히 독립적이며 강인하고 어른스럽게 행동하지만, 내면에서는 상처받을까봐 무서워하고 있다. 그것은 이들이 쉽게 신뢰하지 않는 경향이 있기 때문이다. 지나치게 독립적인 태도는 성인이 되었을 때 사랑을 가로막는 장애물이 될 수 있다.

꼬마 반항아

마지막으로 꼬마 반항아는 대개 자기가 사랑받을 자격이 없다고 느낀다. 이들은 반항하면서 사랑을 밀어내지만, 그런 행동 뒤에는 사랑받고 싶어 하는 간절한 바람이 있다. 꼬마 반항아들은 보통 심한 상처를 안고 있거나 두려움으로 가득 차 있지만, 극적인 상황을 연출하거나 다른 사람들이 받아들일 수 없는 행동을 함으로써 상처와 두려움을 감춘다.

이쯤에서 이 모든 역할이 아이의 타고난 성격의 일부일 수도 있다는 점을 명확히 말해야 할 것 같다. 예를 들어 부모의 사랑이나 감탄을 받으려고 해서가 아니라 타고난 기질 자체가 탐구심이 많고 학구적인 기질이라서 성적을 잘 받는 아이들도 많다. 또 자신의 감정을 감추기 위해 유머를 사용하는 것이 아니라 코미디언 기질을 타고난 아이들이 있다. 이는 다른 역할들의 경우도 마찬가지다.

자신이 하고 있는 역할이 타고난 기질에 의한 것인지, 어린 시절에 부족했던 것을 감추기 위해 시작한 것인지 잘 모르겠다면, 치료사와 작업을 하면서 전에 의식하지 못했던 어린 시절의 문제나 기저의 패턴을 찾아보는 것도 도움이 될 것이다.

우리가 자주 쓰는 가면들

살면서 감정적인 고통이나 트라우마를 많이 겪는 경우, 안전을 확보하기 위한 기제로서 성격의 일부가 '쪼개질' 수 있다. 이렇게 인격이 분열되는 것을 상담에서는 '해리dissociation'라고 부른다. 그런 사람은 '온전함'을 느끼지 못하고 마치 자기 안의 무엇인가가 빠진 것 같은 기분이 든다. HSP들은 일반인보다 더 쉽게 해리되는 것으로 보인다. 이것은 HSP들이 감정을 강렬하고 깊게 경험하고 소화하기 때문인 것 같다.

그러나 감정적으로 지원을 받을 수 없는 가정에서 자랐다든지, 역기능 가정이나 유독한 환경의 가정, 학대 가정에서 자랐다든지 하는 등의 다른 요인도 있을 수 있다. 해리는 HSP들의 과거 경험이나 그들 자신에 대해 부정적인 생각이나 감정, 믿음을 낳을 수 있으며, 심리학에서 '상처받은 자아wounded ego'라고 부르는 것을 낳을 수도 있다.

상처받은 자아는 두려움, 수치심, 무력함, 무가치함 등을 감추기 위해 거짓 자아를 만들어내는 결과로 이어질 수 있다. 거짓 자아는 진짜 자아를 감추기 위한 가면을 만들어낸다. 이러한 가면은 어떤 나이에도 만들어질 수 있지만, 보통은 우리 자신과 우리 행동의 어떤 부분이 주변 사람들에게 받아들여지고 '사랑받을 만한지' 인식해 가는 어린 시절에 형성되기 시작한다. 항상 그런 것은 아니지만, 이 가면들은 어린 시절 우리가 행한 역할에서 자연스럽게 발전되어 나오기도 한다. 예를 들어 '꼬마 능력자' 역할을 맡은 HSP 아이는 계속해서 관심을 받거나 가치 있는 존재라고 느끼기 위해 커서도 '능력자high achiever' 가면을 쓸 수 있다. 이들은 그렇게 되는 것만이 그들의 근본적인 욕구를 충족할 수 있는 유일한 방법이라고 믿는다.(인간의 여섯 가지 욕구에 대해서는 6장 참조) 또 다른 예는 '꼬마 천사' 역할을 맡았던 아이가 어른이 되었을 때 순교자 가면을 쓰는 경우이다. 천사와 순교자 둘 다 '자기 희생'과 연결되어 있다.

내가 '가면'과 '거짓 자아'라는 개념에 대해 처음으로 안 것은 상담사 트레이닝을 받으면서 칼 융과 빌헬름 라이히Wilhelm Reich의 작업을 연구할 때였다. 그러나 그림자와 거짓 자아에 대해 더 깊이 이해하고 내가 어떤 가면을 쓰고 있는지 정말로 알아보게 된 것은 미국의 자기 계발 저자이자 코치, 강연가인 데비 포드 Debbie Ford 덕분이다. 그녀는 《착하다는 사람이 왜 나쁜 짓 할까?Why Good People Do Bad Things》(한국어판 제목―옮긴이)라는 책에서 그림자와 거짓 자아를 훌륭하게 묘사했다. 다음은 그녀가 찾아낸 가면 중에서 나의 경험상 HSP들이 가장 많이 공감했던 것들이다.

- 기쁨조
- 순교자
- 희생자
- 능력자
- 깡패 또는 가해자
- 차가운 사람
- 깍쟁이/유혹자
- 긍정왕

이 가운데 당신은 어떤 가면을 쓰고 있는지 알겠는가? 더 잘 이해할 수 있도록 아래에 각 가면에 대한 설명을 붙였다. 이러한 알아차림을 통해 우리는 진정한 자신이 되기 위한 여정에서 비로소 가면을 제거하고 치유를 시작할 수 있다.

기쁨조people-pleaser

이 사람들은 자신을 제외한 모든 사람들을 돕고 그들이 원하는 대로 해주며 그들을 계속 행복하게 만드는 일에 몰두해 있다. 이들은 자신의 욕구는 한쪽에 치워두는 경향이 있다. 이들이 공통적으로 하는 말로는 "내가 할게" "당연히 괜찮지. 도울 수 있어서 나도 좋은걸" 등이 있다. 이들은 대개 더 이상 줄 게 남아 있

지 않을 정도가 될 때까지 끊임없이 베푼다. 이들은 또 '받기만
하는 사람'(굉장히 궁핍한 사람, 또는 이기적인 사람이거나 나르시시스트, 욕심
많은 사람)을 끌어당기는 경향이 있다. 그것은 이들이 가면 아래에
서 자신이 쓸모없다거나 충분하지 못하다고 느끼기 때문이다. 이
들 자신의 인정받지 못한 욕구가 "사람들은 나를 필요로 한다"
는 느낌으로 변장하고 나타나는 것이다. 기쁨조인 HSP들이 치
유되기 위해서는 자신의 욕구를 먼저 돌보는 법을 배워야 한다.
그래서 건강하고 균형 잡힌 관계를 만들고, '무의식적으로 그래
야 할 것 같아서'가 아니라 '진심으로 주고 싶은 마음이 들어서'
줄 수 있도록 해야 한다.

순교자martyr

순교자 타입의 사람은 다른 사람들을 구하느라 바쁘고, 그
과정에서 자신의 욕구는 희생시킨다. 하지만 이들은 대개 자기
가 그러느라 얼마나 바쁜지 모든 사람이 알도록 목소리를 높인
다. 순교자들이 자주 하는 말로는 "내가 아니었으면 저곳은 벌써
무너졌을 거야" "내가 없으면 저 사람들이 어찌 살까 몰라" 등이
있다. 순교자가 기쁨조와 다른 점은 자기가 얼마나 무거운 책무
를 지고 있는지 사람들이 알기를 원한다는 것이다. 이들은 자기
도취에 빠져서 사람들이 지겨워할 때까지 자신의 순교 영웅담을

늘어놓을 때도 많다. 오히려 이런 점 때문에 사람들은 그의 곁에 있지 않으려 하고, 그래서 순교자들은 자신의 선행을 인정받지 못하고 상처받는 경우가 많다. 순교자의 가면 뒤에 있는 이러한 자기 희생은 다른 사람들로부터 존경이나 존중을 받으려는 수단의 하나일 수 있다. 순교자 가면을 쓴 HSP는 자신의 가치를 스스로 알아보고 인정함으로써 이 패턴을 치유할 수 있다.

희생자victim

여기에서 희생자란 범죄나 학대의 피해자를 말하는 것이 아니라, 사람들이 의식적으로나 무의식적으로 선택해서 사용하는 가면의 한 형태를 말한다. 희생자 가면을 쓰는 사람들은 자신이 모든 면에서, 그리고 모든 사람에게 무력하다고 느낀다. 이들은 자기가 어찌할 수 없는 상황들이 자신에게 닥친다고 생각한다. 남을 괴롭히는 사람이나 소시오패스(반사회적 인격 장애자) 같은 포식자 타입의 사람들에게 이들은 최고의 먹잇감이다.

이들은 일어난 모든 일을 될 수 있는 한 많은 사람들에게 말하고 또 말한다. 그래야 그들이 필요로 하는 '동정'을 얻을 수 있기 때문이다. 이들이 실제로 얻고 싶은 것은 사람들의 관심이지만 그 사실을 인지하지 못하기 때문에, 그 욕구를 채우고자 '아이고 내 신세야' 콤플렉스에 갇히는 경우가 많다. 그런데 오히려 바로 이 점 때문에 부정적인 사람이나 사건을 더 많이 끌어당기고 만다. 희생자 가면을 쓰고 있는 HSP들은 자신의 힘을 찾고 자기가 할 수 있는 일들에 책임을 지기 위해 '무력함'과 관련한 과거의 문제를 치유해야 한다.

능력자 high achiever

능력자는 성공을 추구하는 사람으로 대개 일 중독자이거나 완벽주의자이며, 모든 초점이 자기 분야에서 최고가 되는 데에 있다. 외형적 성공은 쓸모없는 인간인 듯한 느낌을 덮어줄 수 있다. 그래서 이들은 겉으로 보이는 성취를 이룸으로써 내적인 만족감과 안전함을 얻으려고 한다. 이것을 치유하기 위해서는 자신이 이룬 것보다 자신이 본질적으로 어떤 존재인가가 훨씬 중요하다는 사실을 받아들여야 한다.

깡패 bully / 가해자 perpetrator

이 가면을 쓴 사람은 자신이 원하는 것을 얻기 위해 지배력, 힘, 위협하기, 겁주기를 사용한다. 이들은 자기보다 약해 보이는 사람들을 먹잇감으로 삼아 공격성을 휘두르며 그들을 통제하고 지배한다. 사람들의 두려움을 감지하여 그것을 자신의 무기로 사용하는 것이다. 그러나 가해자 가면 아래에는 '나는 부족한 인간이야'라고 여기는, 약하고 불안해하는 겁쟁이가 숨어 있다. 일반적으로 HSP들은 이 가면을 잘 쓰지 않는다. 나는 임상에서 아주 소수의 사람들만 이 가면을 쓴 것을 보았는데, 이들은 과거에 심하게 학대를 당하거나 트라우마를 겪은 HSP 죄수들이었다. 이러한 가면이 생존 전략으로, 혹은 그들에게 그런 일이 다시 일어나지 못하도록 막기 위한 전략으로 사용된 것이다. 이런 상태에서 치유되기 위해서는 이들이 자신의 약점과 연약함을 받아들이고, 자기가 실제로는 무력하다고 느끼고 있음을 인정하는 것부터 시작해야 한다.

차가운 사람hard guy/gal

이 가면을 쓴 사람은 차가운 기운을 물씬 풍기는 것으로 "내 말 거스르지 마"라는 메시지를 분명히 전달한다. 이들은 다른 사람의 약점을 이용해 먹지 않는다는 점에서 '가해자'와는 다르다. 하지만 자신이 위협당한다고 느끼면 이들은 공격할 것이다. 이들은 자신의 감정을 차단하고, 단단한 겉껍질을 뒤집어쓰고 있으며, 규칙에 신경 쓰지 않는다. 이 가면 아래에는 보통 어린 시절에 수치심을 경험했던, 슬프거나 무력한 혹은 민감한 아이가 있다. 이들은 누구도 자기 안으로 뚫고 들어오지 못하도록 하기 위해 이런 딱딱한 가면을 쓴다. 이 가면을 치유하려면 자신의 상처를 인정하고 다른 사람들이 자기 안으로 들어오도록 허용해야 하며, 신뢰를 회복하고, 사랑과 친밀함에 가슴을 다시 열어야 한다.

깍쟁이minx/유혹자seducer

이 가면은 자기보다 훨씬 강하다고 여기는 누군가에게 온 애정을 쏟아 붓는 사람에게 해당된다. 이들은 자신의 매력을 총동원하여 그 사람의 관심 대상이 되려고 한다. 힘을 갖고 싶은 욕구를 사랑이나 성욕으로 가장해서 표현하는 것이다. 상대방은 이러한 '유혹 제례seduction ritual'의 일환으로 쏟아지는 관심을 받게 되며, 그래서 결국 유혹자들은 자기가 원하는 바—대개는 섹스(이 가면을 쓰는 사람은 섹스와 사랑을 동일시한다)—를 얻어낸다. 종종 포식자 같은 면을 드러내는 이 에너지는 공허함과 무력감, 자신이 부족하고 사랑스럽지 않다는 느낌을 가면 뒤에 숨기고 있다. 이 가면을 치유하기 위해서는 자기 사랑과 자존감을 길러야 한다.

긍정왕super-positive

긍정왕들은 언제나, 심지어 완전 엉망진창인 순간이나 모든 것이 무너지고 있을 때조차도 뭔가 긍정적으로 말할 거리를 찾아낸다. 이들은 부정적인 어떤 것도 말하려 하지 않고, 자기 삶에 완벽하지 않은 면이 있다는 걸 털끝만큼도 내비치려 하지 않는다. 그렇게 하면 기분이 가라앉거나 우울해질까봐 겁이 나기 때문이다. 이들은 진짜 감정을 억지 미소 속에 감추는 경향이 있다. 긍정왕 주변에 계속 머무르는 것은 힘든 일이다. 이들의 긍정성이 연극같이 또는 진정성 없게 느껴지기 때문인데, 부정적인 감정이라고 해서 무조건 부인하는 것은 건강하지 않다. 긍정왕이라는 가면 아래에는 슬픔과 자기 거부, 그리고 있는 그대로 받아들여지거나 사랑받지 못할 거라는 믿음이 숨어 있다. 이러한 믿음을 치유하기 위해서 긍정왕들은 자신의 모든 감정을 허락하고 수용해야 하며, 거짓 없는 진짜 자아를 발견해야 한다.

개인 상담을 하면서 나는 꽤 많은 HSP들이 능력자 가면을 쓰고 있으며 강한 독자 생존 패턴을 가지고 있는 것을 보았다. 그러나 더 많은 수의 HSP들은 기쁨조―'보살피는 사람'이나 '구원자' '무한정 퍼주는 사람' 등으로 세분될 수 있다―와 같은 그다지 강하지 않은 가면을 쓰고 있었다. 희생자 역시 많은 HSP가 쓰고 있는 가면 중 하나이다. 매우 민감한 사람들이 희생자 가면을 쓰는 이유는 주로 타인과의 대립 상황이나 분노가 두려워 이를 피하기 위해서, 또는 과거에 괴롭힘을 당한 적이 있어서이다.

당신이 HSP라면 자신이 언제, 누구에게, 어떤 가면을 쓰는지 한번 주의 깊게 보기 바란다. 어떤 가면을 쓰는지 알아차리기가 어렵긴 하지만 용기를 내서 알아내고 싶다면, 당신을 지지해 주는 친구나 가족에게 피드백을 해달라고 요청해 볼 수도 있다. 또는 상담사와 함께 개인 작업을 하면서 들여다보는 방법도 있다.

가면이 알려주는 것

내가 이삼십대 때 가장 편안하게 쓰곤 했던 가면 두 가지는 '고독한 운동가lonely crusader'와 '슈퍼 우먼'이었다. 이 가면들은 내 나름대로 이름 붙인 것들로 각각 '능력자'와 '기쁨조'의 세부 분류에 해당한다. 두 가지 모두 매우 독립적인 가면으로, 아무런 도움도 필요로 하지 않고, 아무도 자기 삶에 들어오지 못하게 하는 사람의 이미지가 투사되어 있다. 하지만 스물네 살에 나는 만성피로증후군 진단을 받고 말았다. 우주가 나에게 속도를 늦추고 나 자신의 욕구에 초점을 맞추라며 슈퍼 우먼 가면을 벗겨버린 것이다. 당시 나는 은행에서 전일 근무를 하는 한편 주말에도 웨이트리스로 일했으며, 그와 동시에 한 살 된 예쁜 남자 아기를 키우는 엄마이기도 했다. 그때까지 나는 다른 사람을 '돌봐주는' 역할 또한 많이 했고, 거기에 불행한 결혼 생활까지 하고 있었다. 내가 나를 더 잘 보살피며 결혼 생활과 기쁨조 짓을 그만두자 만성피로증후군도 낫기 시작했다.

내가 쓴 가면들은 나의 연약함을 가리고 아무도 다시는 내게 상처 줄 수 없게 하려는 무의식적 방편이었다. 문제는 우리가 '잘 가리고 있다'고 생각하는 그것이 다른 사람들 눈에는 더 잘, 더 자세히 보이는 경우가 많다는 것이다. 나는 내가 교도소에서 일을 한 것이 그 당시 '연결이 끊어져 있던' 나의 부분들을 반영한다는 사실을 깨달았다. 어렸을 때 받은 너무 예민하다는 비난이 내재화되어 더 강해지기 위한 극단적인 방법을 찾았고, 안전함을 향한 나의 내적 욕구가 전혀 안전하지 않을 것 같은 곳, 하지만 실제로는 안전 장치가 가장 잘되어 있는 교도소에서 위안을 구했던 것이다.

상담사 트레이닝을 받으면서 나는 나의 연약한 부분들이 어떻게 교도관이라는 형태의 강하고 방어적인 남성 에너지를 찾고 있었는지 탐구하게 되었다. 우리의 직업과 우리가 처해 있는 여러 상황은 우리 안의 치유되어야 할 무언가를 무의식적으로 반영하고 있는 경우가 많다.

이혼 후 수년 동안 써온 고독한 운동가라는 가면 역시 교도소에서 일하는 동안 매번 목격했던 것이다. 나 자신의 가면과 그 가면 아래 있는 것들을 완전히 파악하고 나자 다른 사람들의 가면 뒤에 무엇이 있는지도 볼 수 있게 되고, 그 사람들을 가장 잘 도울 수 있는 방법도 알 수 있게 되었다.

가면으로부터 해방되기

그림자 측면을 알아차리는 것, 당신이 쓰고 있을지도 모르는 가면을 벗어버리는 것에 대해 더 깊이 알아보고 싶다면, 그림자 연구 및 통합, 개인 변형personal transformation 작업의 선두주자 중 한 명인 데비 포드가 삶의 후반기에 쓴 책들을 읽어보기 바란다.(이 책 280쪽의 '도움이 되는 자료들' 참조)

우리가 중독 문제로 관리를 받던 수감자들에게 읽어준 시의 일부도 나누고 싶다. 이 시가 여러분의 여정에 도움이 되기를 바란다. 이 시가 실제로 감옥 안에 갇혀 있는 사람들뿐 아니라 감정적 방어를 위해 자기 안에 감옥을 만든 HSP들에게도 깊이 공감될 것이라고 생각한다.

내가 말하지 않는 것을 들어주세요

나는 당신에게 내가 안심하고 있다는 인상을 주죠.
겉보기로나 내면적으로나

아주 명랑하고 침착한 것처럼요.

......

나의 약점이 노출된다는 생각만 해도 난 공포에 빠져요.

그래서 미친 듯이 가면을 만들어 그 뒤로 숨어버리죠.

차분한 척, 괜찮은 척하려고

진짜 나를 아는 눈빛으로부터 숨으려고.

하지만 그런 눈이야말로 내게 꼭 필요한 구원,

나의 유일한 희망이란 걸 알아요.

그 눈빛 다음에 수용이 온다면,

그 눈빛 다음에 사랑이 온다면,

그것만이 나를 나로부터

내 손으로 지은 감옥의 벽으로부터

내가 그토록 아파하며 세운 장벽으로부터

해방시켜 줄 유일한 방법이라는 걸.

......

당신이 나에게 친절하고, 다정하고, 용기를 북돋아줄 때마다

진심으로 걱정해서 나를 이해하려 노력할 때마다

내 심장에서 날개가 자라나요.

아주 작고 연약하지만

그래도 날개예요!

……

나는 그토록 절실히 원하는 것을 받지 않으려고 싸워요.

하지만 사랑은 저 튼튼한 벽보다도 강하다면서요.

그 말에 제 희망이 있어요.

제발 그 벽을 무너뜨려 주세요.

굳세지만 부드러운 손으로

아주 섬세한 아이를 위해.

내가 누굴까, 당신은 궁금하겠죠.

나는 당신이 아주 잘 아는 사람이에요.

나는 당신이 만나는 모든 남자이고

당신이 만나는 모든 여자니까요.

찰스 C. 핀Charles C. Finn

(시 전문은 www.poetry-bycharlescfinn.com에서 볼 수 있다.)

벽을 허물고 가면을 벗기란 쉽지 않다. 그걸 감옥에서 하는 것은 더 어렵다. 감옥에서는 어떤 연약함이건 드러나자마자 바로 공격당하기 때문이다. 하지만 시간이 지나 신뢰가 쌓이면 가장 까다롭고 거친 수감자들조차도 허물어지고 울음을 터뜨리면서 가면 뒤의 자기 모습을 드러낸다. 그것이 단지 일주일에 한 번, 한 시간에 불과하고, 상담이 끝날 무렵에는 다시 가면이 씌워지면서 나에게 "제가 운 것이 티가 날까요?"라고 묻더라도 말이다. 가면 뒤의 모습을 보아주고 겉으로 드러난 행동 이면을 알아주는 누군가가 있으면, 한 사람 안에서 커다란 변화가 촉발될 수 있다. 나는 친절과 연민이 어둠을 겪고 있는 사람들에게 놀라운 빛과 희망을 가져다주는 모습을 보아왔다.

우리 HSP는 타인에게 베푸는 친절과 자비심을 우리 자신이 겪는 어려움에도 적용해야 한다. 우리가 자주 떠맡는 불필요한 역할과 가면을 내려놓는 법을 배움에 있어 큰 부분은 그 역할과 가면 뒤에 가려져 있을 우리의 기본적인 욕구를 잘 이해하는 것이다. 따라서 다음 장에서는 인간이 지닌 여섯 가지 기본적인 욕구에 대해 알아보겠다. 인간의 기본적인 욕구를 이해하고 나면 에너지를 낭비하거나 다른 무엇인 양 가장하는 일 없이 건강한 방식으로 이를 충족시킬 수 있을 것이다.

6장

인간의 여섯 가지
기본 욕구

인간의 욕구를 설명하는 기초적인 모델은 미국의 심리학자 에이브러햄 매슬로Abraham Maslow에 의해서 처음 만들어졌다. '욕구의 위계Hierarchy of Needs'라고 불리는 이 모델은 오늘날까지도 현대 심리학 및 상담학에서 중요한 위치를 차지하는 유명한 이론이다. 매슬로의 이론은 인간이 자아 실현의 단계(우리가 지닌 진정한 잠재력이 실현되거나 꽃피는 것)에 도달하기 위해서는 특정한 욕구들이 먼저 충족되어야 한다고 본다. 미국의 인기 있는 라이프 코치이자 논란의 인물이기도 한 토니 로빈스Tony Robbins(《네 안에 잠든 거인을 깨워라》 등을 썼다―옮긴이)는 매슬로의 모델로부터 '인간의 여섯 가지 핵심 욕구'를 뽑아내, 무엇이 사람을 행동하게 만드는지, 사람들이 어떤 식으로—긍정적으로든 부정적으로든—자신의 욕구를 충족시키려고 하는지 이해할 수 있도록 돕고 있다. 앞서 얘기했듯이 많은 사람들이 심리학에서 '상처받은 자아'라고 부르는 것을 가지고 있으며, 이로 인해 거짓 자아를 만들어낸다. 충족되지 않은 기본 욕구를 무의식적으로 다른 방법을 통해 채우려 하는 것이다.

인간의 여섯 가지 핵심 욕구는 두 가지 범주로 나누어볼 수 있다. 앞의 네 가지는 '인간적인 욕구'로 분류된다.

- 확실성
- 다양성
- 중요성
- 사랑/연결감

마지막 두 가지는 '영적인 욕구'이다.

- 성장
- 기여

모든 사람이 이 여섯 가지 욕구를 다 갖고 있기는 하지만, 성장 배경이나 환경, 인생의 어느 시기에 있느냐에 따라 특정 욕구가 좀 더 두드러질 수 있다. 예를 들어 물질적·경제적인 안정성이 확보된 사람이라면 확실성에 대한 욕구가 두드러지지 않을 수 있다. 이 부분에 대한 욕구가 이미 충족되어 있기 때문이다. 그러나 노숙자나 실직자의 경우에는 확실성의 욕구를 우선순위로 꼽을 것이다. 그럼, 네 가지 욕구를 하나씩 살펴보자.

확실성

확실성은 안전, 안심, 그리고 통제할 수 있다는 느낌에 대한 욕구이다. 이것은 인간이 지닌 가장 기본적인 욕구의 하나이자 생존 메커니즘이다. 매슬로는 확실성을 음식이나 집과 같은 생리적 기본 욕구와 연결 짓고 있다. 삶에서 발생하는 스트레스나 고통을 피하기 위해서는 물론이고 즐거움을 창조하기 위해서도 우리에게는 확실성이 필요하다. 확실성의 욕구를 충족하는 방법은 주로 돈을 벌거나 직업을 얻거나 살 집을 구하는 것이다. 그러나 인생의 모든 것이 100퍼센트 확실하다면 우리는 지루해질 것이다. 그래서 우리에게는 다양성에 대한 욕구도 있다.

다양성

다양성 덕분에 우리는 예상치 못한 일과 도전거리를 경험하며, 미지의 상황에 맞닥뜨리고 변화를 이루어낸다. 이런 경험은 우리에게 단지 숨 쉬는 것을 넘어 정말로 살아있다는 느낌을 갖게 해준다. 다양성의 욕구는 모험, 취미 생활, 다양한 사회 활동이나 여행 등 여러 가지 방법으로 충족할 수 있다.

중요성

우리는 또 중요성에 대한 욕구도 갖고 있다. 우리는 누구나 특별하고, 중요하고, 필요한 사람으로 여겨지고 싶고, 이를 통해 삶의 의미를 느낀다. 대부분의 사람들은 관계를 통해서, 부모가 됨으로써, 또는 직업을 통해서 중요한 사람이라는 기분을 느낀다.

사랑/연결감

사랑과 연결감은 우리 모두가 궁극적으로 추구하는 욕구이자 가장 필요로 하는 것이다. 사랑과 연결감은 친밀감, 애착, 인정에 대한 욕구를 채워준다. 우리는 근본적으로 사회적인 존재이기 때문에 다양한 인간 관계나 동물(애완 동물)과의 관계를 통해서 사랑과 연결감의 욕구를 충족하려고 한다.

위의 설명에서 알 수 있듯이 사람은 누구나 일상 생활에서 관계, 직업, 돈, 삶의 선택 등을 통해 인간적인 욕구를 채울 방법을 찾는다. 그러나 영적인 욕구는 반드시 이런 방법으로 채워지지는 않는다. 그리고 영적인 욕구가 충족되지 않으면 우리는 진정한 만족감을 느끼지 못할 가능성이 크다. 모든 것을 다 가진 듯한 사람, 인간적인 욕구를 모두 채운 사람이 왜 내면에서는 여전히 공허감을 느끼는지, 더 큰 목표가 없다고 느끼는지를 생각해 보면 알 수 있다. 여기가 바로 매슬로가 이야기하는 '자아 실현'의 욕구에 해당하는 부분으로, 이러한 자아 실현은 성장과 기여라는 영적인 욕구를 채울 때 이루어진다.

성장

영적·인간적 차원에서 우리는 자기 계발을 통해 배우고 발전하고 진화해야 하며, 그 결과 다른 사람들과 나눌 수 있는 소중한 가치를 더 많이 배양하게 된다. 이러한 가치는 우리 자신만이 느끼는 것일 수도 있고, 다른 사람들이 알아보는 것일 수도 있다.

기여

마지막으로 우리는 다른 사람들에게 베풀고 봉사하며 삶의 의미를 얻고 싶어 한다. 우리는 삶의 목적의 일부로서 다른 사람을 위해 즐겁게 봉사하고 대가를 바라지 않고 줌으로써 이 욕구를 충족시킨다.

HSP가 여섯 가지 욕구를 충족하는 방법

HSP들이 욕구를 충족할 때 주로 쓰는 몇 가지 방법을 알아보기 전에, 인간적인 욕구를 건강하지 못한 방법으로 채우는 사람의 모습을 수감자를 예로 들어 이야기해 볼까 한다.

수감자가 징역형을 시작하면 확실성의 욕구는 채워진다. 하루 세 끼 밥을 먹을 수 있고 머무를 곳도 생기기 때문이다. 그러나 감옥에는 엄격한 규칙이 있으므로, 다양성을 향한 강력한 욕구를 가진 사람이라면 힘들 수 있다. 장기 복역을 하면서 날마다 똑같은 일상을 반복해야 한다는 생각만으로도 지루함과 답답함을 느낄 수 있다. 그 결과 다양성의 욕구를 채우기 위해 이 수감자는 다른 건물이나 아예 다른 감옥으로 옮겨가 새로운 사람들을 만날 수 있도록 말썽을 일으키거나 소동을 벌이기도 한다. 연결감의 욕구는 대개 충족되는데, 하나같이 범죄를 저지른, 비슷한 사고방식을 가진 사람들 사이에 둘러싸여 있기 때문이다. 사랑에 대한 욕구는 주로 면회객이 계속 찾아오게 하거나 가족들과 전화 통화를 함으로써 충족된다. 중요성의 욕구는 자신이 저지른 범죄를 자랑하거나 감옥에 몰래 마약을 들여와 약에 목마른 이들에게 공급하는 방식으로 채워질 수 있다.

처음 감옥에 들어오면 범죄자들은 일반적으로 영적인 욕구보다는 인간적인 욕구를 채우는 데 주력한다. 그러나 많은 수감자들의 경우, 행동 교정 프로그램에 참여하거나 12단계 프로그램twelve-step programmes(미국의 '익명의 알코올중독자 모임Alcoholics Anonymous'에서 알코올 중독 회복을 위해 만든 프로그램으로, 현재는 알코올뿐만 아니라 마약, 강박 등 다양한 행동 장애를 극복하는 데 쓰이고 있다―옮긴이)을 수강하거나 심리학자와의 작업에 참여하는 등 인간적인 욕구를 건강하게 충족하는 법을 찾고, 인격적으로 성장해 훨씬 긍정적인 방식으로 사회에 기여할 수 있도록 도움을 받기도 한다. 따라서 이런 종류의 개입이 그들의 영적인 욕구를 충족시켜 줄 수 있다.

그러면 HSP들은 어떻게 자신들의 욕구를 채우려고 할까? HSP 역시 건강한 방법이나 건강하지 않은 방법 어느 쪽으로건 욕구를 충족할 수 있다. 건강하지 않은 방법 중 하나가 HSP가 기쁨조 가면을 쓸 때일 것이다. 기쁨조 HSP는 자기를 제외한 모든 사람들을 기쁘게 하고 다른 사람들의 욕구를 먼저 채워줌으로써, 무의식적으로 자신의 채워지지 않은 인간적 욕구를 채우려고 한다. 이들은 다른 사람들이 원하는 것이라면 무엇이든 기꺼이 해주기 때문에 남들이 자기를 좋아할 거라고 확신한다.(확실성) 이러한 생각은 또한 기쁨조 HSP들에게 사랑받는 느낌이나 연결감을 준다.(사랑/연결감) 모든 사람이 자기의 도움을 원한다고 생각하기 때문에 중요한 사람이라는 기분을 느낄 수 있으며(중요성),

모두를 위해 여기저기 바쁘게 돌아다니기 때문에 다양성의 욕구도 충족된다.(다양성)

이런 식으로 기쁨조 역할을 할 때의 문제는 끊임없는 퍼주기가 결국 실망이나 번아웃으로 끝날 때 드러난다. 정작 자신이 어려움에 처했는데 도움을 받지 못하는 경우에는 더욱 그렇다. 사람들의 '기쁨조로서' 그들이 필요로 하는 것을 더 이상 채워주지 못하자 자기에게 도움받았던 사람들이 오히려 못되게 대하는 것을 보면서, 기쁨조 HSP는 자신이 맺고 있는 관계의 상당수가 매우 일방적이었다는 사실을 깨닫게 될지도 모른다.

일 중독자가 되는 것도 HSP들이 욕구를 충족하기 위해 취하는 건강하지 못한 방법 중 하나이다. 돈, 동료들과 함께 일하는 것, 성공했다는 기분 등은 확실성이나 다양성, 중요성, 연결감 등의 욕구를 채워줄 수 있을 것이다. 그러나 사랑이라는 욕구를 채우는 시간은 그다지 주어지지 않을 것이다. 게다가 일 중독 HSP들은 무엇보다 자기가 가장 하고 싶은 종류의 일을 하고 있지 않을 가능성이 있다. 이는 내적인 공허함이나 불만족을 낳고, 따라서 성장이나 기여의 욕구를 채우기 힘들다.

하지만 좋은 소식은 이러한 영적 욕구를 만족시킬 건강한 방법이 있다는 사실이다. 예를 들면 기쁨조 HSP의 경우에는 봉사활동을 하거나 동물을 돌보는 활동을 함으로써 이러한 욕구를 충족할 수 있다. 이러한 활동은 자신이 훨씬 쓸모 있는 존재라는 느낌, 사람들에게 인정받고, 나아가 사랑받는다는 기분을 느끼게 해준다. 이런 식으로 이들은 일방적인 친구 관계를 내려놓고, 자신을 위한 시간을 가지면서, 좀 더 균형 잡힌 우정이나 연인 관계를 찾아갈 수 있다.

앞에서 언급한 네 가지 인간적인 욕구 중에서 자신의 행동을 부추기는 강력한 욕구가 무엇인지 두 가지 정도 생각해 보는 것도 좋다. 예를 들어 좀 더 안정적인 양육 환경에서 자란 외향적인 HSP의 경우 다양성과 중요성의 욕구를 중요하게 여기는 반면, 감정적으로 지원을 받지 못한 가정에서 자란 HSP는 사랑/연결감과 확실성에 대한 욕구를 가장 크게 느낄 것이다. 그러나 각각의 욕구가 사람에 따라서 매우 다른 의미를 지닌다는 사실을 기억할 필요가 있다. 그러므로 당신이 느끼는 핵심 욕구가 진정으로 당신에게 의미하는 바가 무엇인지 꼭 자문해 보기 바란다. 예컨대 확실성의 욕구가 누군가에게는 경제적인 안정을 의미할 수 있지만, 누군가에게는 애정 관계 안에서의 감정적인 안정감일 수 있다.

우리가 느끼는 강력한 욕구는 우리가 삶의 어느 지점에 있느냐에 따라 크게 달라질 수 있다. 이를테면 은퇴할 나이에 다다른 누군가는 이제 직업 경력이 마무리 단계에 있으므로 중요성

에 대한 욕구는 줄어들고, 다양성(여행 등)이나 사랑/연결감(가족과
더 많은 시간을 보내는 것 등)의 욕구에 더 초점을 맞출 것이다. 그 반
면 이제 막 커리어를 시작한 젊은이라면 중요성(예를 들어 직장에서
인정받는 것)과 확실성(꾸준하고 일정한 수입 같은)에 더 초점이 맞춰져
있을 수 있다. 부모로부터 독립하여 자기 재산을 만들어가고 싶
다면 더욱 그럴 것이다.

영적인 욕구도 많은 HSP들에게 강력한 추진력이 된다. 성장
을 추구할 때 과거의 많은 상처가 치유되며, 이는 그들을 온전함
을 찾기 위한 내면의 여정으로 데려간다.(8장 참조) 그리고 세상을
더 좋은 곳으로 만들고 싶어 하는 그들의 성향은 '기여'의 욕구
에 더욱 큰 의미를 부여한다. 수많은 HSP들이 경험하는 영적인
욕구에 대해서는 이 책의 3부에서 더 자세히 다룬다.

주변 사람들이 어떤 욕구를 강하게 갖고 있는지 알아차리는
것도 HSP들에게 도움이 될 수 있다. 그렇게 하면 자신뿐 아니라
자신을 둘러싼 세계에 대해서도 더 잘 이해할 수 있을 것이다.

또 하나 알아두어야 할 중요한 사항은 우리 자신의 충족되지
못한 욕구가 HSP로서 우리가 삶에 끌어당기는 것, 우리가 선택
하는 관계들, 이 관계 안에서 우리가 행동하는 방식 등에 미치
는 영향이다. 이제부터는 이런 점들을 살펴보도록 하자.

7장

우리가 삶에
끌어당기는 것

양자 물리학은 우리 모두가 자신의 주파수에 공명하는 진동하는 존재임을 증명했다. 우리의 진동하는 에너지는 무엇이든 같은 진동 주파수에 있는 것을 끌어당긴다. 이 개념은 전체론적 용어로 흔히 '끌어당김의 법칙Law of Attraction'이라고 알려져 있다. 이는 간단히 말해 "비슷한 것이 비슷한 것을 끌어당긴다"는 뜻이다. 우리의 생각은 자석과 같아서, 특정 진동 주파수를 내보내고 그것과 같은 주파수에 있는 것들을 끌어온다. 그러니까 예를 들어 우리가 스스로를 사랑하고 존중하고 소중히 여기며 또 사랑 넘치는 관계를 가질 자격이 있다고 생각하면 정확히 똑같은 것을 끌어당기기 쉽다. 끌어당김의 법칙은 우리의 생각을 우리가 가장 원하는 것에 일관되게 집중할 때 이루어진다. 그러나 많은 경우 우리는 우리가 원하는 것(긍정적인 것)보다도 원하지 않는 것(부정적인 것)에 집중하는 경향이 있다. 그렇게 하고 있음을 의식하지도 못한 채 말이다. 그래서 종종 우리가 원하지 않는 것만 더 많이 얻는 결과가 생기는 것이다!

거울로서의 끌어당김의 법칙

우리의 생각이나 믿음이 무엇이든, 끌어당김의 법칙은 편애함 없이 똑같이 작용한다는 사실을 아는 것이 중요하다. 끌어당김의 법칙은 우리의 생각 중 무엇이 우리에게 좋고 나쁜지 분석하거나 고르지 않는다. 그저 가장 강한 느낌이나 진동의 공명에 반응할 뿐이다. 달리 말하면 우리는 우리가 '원하는 것'을 끌어당기는 것이 아니라 '우리의 상태' 또는 '우리가 느끼는 것'을 끌어당기는 것이다.

그런데 단지 의식적인 생각과 느낌만이 아니라 잠재의식적·무의식적 생각과 느낌 역시 상황을 끌어당긴다. 이러한 현상을 '미러링mirroring'이라고도 부른다. 우리 삶에서 반복해서 일어나는 패턴이나 결과가 우리 내면의 더 깊은 곳에서 어떤 일이 벌어지고 있는지 거울처럼 비춰주기 때문이다. 더 쉽게 말하면 잠재의식 차원에서 자기가 사랑스럽지 못하다는 믿음을 갖고 있으면 (우리가 내면에서 느끼고 있는 사랑의 결핍이 반영되어) 우리를 온전히 사랑하지 않는 파트너를 끌어당길 가능성이 크다는 의미이다.

이러한 '미러링' 과정은 애정이나 우정 관계, 건강, 직업, 심지어 돈 문제에 이르기까지 우리 삶의 다양한 측면에서 나타날 수 있다. 예컨대 우리가 경제적으로 안정되기를 또는 부유하기를 원하지만 내면에서는 가난하다는 의식이나 가치 없는 존재라는 느낌을 갖고 있다고 해보자. 이런 경우 우리는 자기가 바라는 것과 어긋난 진동 상태에 있으므로 돈을 끌어당기지 못할 확률이 높다. '가치 없는 존재'라는 느낌은 결핍의 주파수와 연결되어 있는 데 반해 부유함의 주파수는 '풍요롭다'는 느낌과 연결되어 있기 때문이다.

관계 안에서 '미러링' 알아차리기

'미러링'은 우리가 과거와 똑같은 사람 또는 똑같은 관계 패턴을 끌어당긴다는 의미이기도 하다. 사랑에 대한 초기의 경험이 부모 등 우리를 길러준 사람에 의해 형성된다는 점을 고려하면, 우리는 잠재의식적으로 이들과의 사이에서 경험한 것과 같은 종류의 관계 패턴을 끌어당기기 쉽다. 예컨대 감정적·육체적으로 보살펴주지 못하는 부모 아래서 자란 사람들은 커서도 잘 보살필 줄 모르는 파트너를 끌어당기는 경우가 많다. 또는 통계가 보여주듯이, 가정에서 학대를 경험하며 자란 아이들은 안타깝게도 나중에 학대하는 사람들과 관계를 맺는 경우가 많다. 마치 상처 입은 내면 아이가 진동적·감정적으로 여전히 그때 그 나이에 머물러 있으면서 부모에게 받지 못한 애정을 구하는 것처럼 말이다. 따라서 끌어당김의 법칙은 잠재의식 차원에서 우리 안의 치유되지 못하거나 해결되지 못한 부분이 무엇인지를 반영하고 보여준다.

HSP들에게서 가장 흔하게 나타나는 미러링

4장에서 HSP들의 관계 패턴에 크게 영향을 줄 수 있는 여러 가지 어려움을 살펴보았는데, 그중 한 가지가 HSP들이 부모나 다른 가족 구성원에게 부모 역할을 하며 자란다는 점이었다. 끌어당김의 법칙의 관점에서 보면, 이것은 애정 관계에서도 HSP들이 자신의 돌봄을 필요로 하는 사람을 파트너로 끌어당길 가능성이 크다는 걸 의미한다.

이와 마찬가지로 생물학적 가족에게서 한 번도 소속감을 느껴보지 못한 HSP들은 '나와 맞지 않는 관계'라는 느낌을 다시 경험하게 할 파트너를 만날 수 있다. 괴롭힘을 당하는 등 힘든 어린 시절을 보낸 HSP들의 경우에는, 과거의 상처와 직면해 이를 치유하지 않는 한 자기를 지배하려고 드는 파트너나 친구를 끌어당길 수 있다. 또한 어린 시절에 (이를테면 타고난 퍼주기 성향 때문에) 일방적인 관계로 고생했던 HSP들은 어른이 되어서도 일방적인 친구 관계나 연인(배우자) 관계를 경험할 확률이 높다. 주는 능력만 있고 받는 능력은 없는 경우(받기와 주기는 서로 반대극이다), 이런 점이 삶에 반영되어 나르시시스트나 이기적인 사람처럼 '받아가는 사람들'만 끌어당기게 된다.

부정적인 미러링을 피하는 방법

매우 민감한 사람들은 주기와 받기, 이타심과 이기심 같은 양극 사이에서 균형을 찾아냄으로써 진동 주파수에 변화를 만들어낼 수 있다. 진동 주파수가 바뀌면 자신의 긍정적인 균형 상태를 반영하는 사람들을 삶 속에 끌어당기기 시작할 것이다. 다음 목록은 내가 전문 상담사로 일하면서 알게 된 것들로, HSP들이 특히 힘들어하는 삶의 영역들이다. 각 영역별로 어떻게 균형을 찾을 수 있는지에 대한 안내도 함께 제시했다.

- 너무 많이 퍼주는 반면 자신은 받지 않는 것 사이의 균형
—해결의 열쇠는 '자기 가치'를 배우는 것이다.(10장 참조)

- 이타심과 이기심 사이의 균형—이타심과 이기심 사이에는
'자기 사랑'을 바탕으로 한 건강한 중간 지대가 있다.(10장의
'5단계' 참조)

- 돌봄 중독과 아무에게도 돌봄을 받지 않고 혼자 해결하기
사이의 균형—해결의 열쇠는 건강한 상호 의존적 관계를
구축하도록 노력하는 것이다.

- 경계선 없음과 지나친 통제 사이의 균형—해결의 열쇠는
분별력을 사용하고 건강한 경계선을 설정하는 것이다.(10장
의 '7단계' 참조)

- 복종과 지배 사이의 균형—해결의 열쇠는 자신의 감정을
인정하고 당당하게 이야기하는 법을 배우는 것이다.(10장의
'6단계' 참조)

- 힘 있는 사람 주변에서 느끼는 무력감—해결의 열쇠는 주
체성을 키우는 것이다.(10장의 '7단계' 참조)

그림자와 가면은 어떻게 반영되는가?

삶에서 미러링이 작동하는 또 한 가지 방식은 우리가 부인

하면서 무의식적으로 그림자 속으로 밀어 넣은 부분을 누군가가 반영해서 보여주는 것이다.(5장 참조) 예를 들어 다른 사람들의 심기를 거스르지 않으려고 자신의 분노를 참거나 억압한 많은 HSP들은 결과적으로 분노하는 사람들을 자신의 삶에 끌어들일 수 있다. 또 계속해서 거짓 가면을 쓰고 있는 경우 진동의 차원에서 두 가지 상반된 주파수를 지속적으로 내보내게 되고, 결국 그런 모순을 반영하는 사람들을 끌어당긴다. 끌어당김의 법칙의 관점에서 보면 그렇다.

이러한 함정에 빠지지 않고 우리 모두가 원하는 긍정적인 관계를 끌어당기려면, 시간을 들여 자기 내면을 들여다보고, 과거의 아픔을 치유하고, 그림자 속으로 밀어 넣어 외면했던 부분들에 빛을 비추어, 그동안 써온 가면을 벗어야 한다.

언제까지 같은 노래를 반복 재생할 것인가?

마지막으로 여러분이 삶에서 끌어당기고 있는 것들을 바꾸고 싶다면, 자신의 생각을 머릿속에서 끊임없이 반복 재생되는 노래에 비유해 보는 것도 유용할 것이다. 같은 노래가 계속 나오도록 둘 것인지, 아니면 다른 노래로 바꿔 들을 것인지 결정할 수 있는 힘은 언제나 당신에게 있다. 만약 그것을 바꾸기로 선택한다면, 그 선택이 결과적으로 당신의 느낌을 바꿀 것이고, 당신의 진동 주파수를 바꿀 것이며, 당신을 더욱 행복하고 주체적으로 살아가게 할 무언가를 삶 속에 끌어당기도록 만들 것이다.

그리고 (타고난 민감함에 대한 좌절이나 원망, 결함이 있거나 부족하다는 느낌 대신) 자신을 향한 사랑과 용서, 연민, 수용의 마음으로 그 노래(당신의 생각)를 바꿀 수 있다면, 머지않아 이런 긍정적인 자질을 반영하는 사람들, 당신이 받아 마땅한 존중과 소중함으로 당신을 대해주는 사람들을 만나게 될 것이다.

8장

온전함을 향한
HSP의 여정

이 장의 목표는 많은 HSP들이 진정한 자아를 되찾고 받아들이기 위해서 대개 어떤 여정들을 거치게 되는지 안내하고 도움을 주는 것이다. 즉 이 여정에서 마주치는 여러 단계들을 이해하도록, 또 여러분 자신이나 여러분이 사랑하는 사람들이 이 여정의 어디쯤에 와 있는지 평가해 볼 수 있도록 안내하는 것이다. 특정 어려움이나 어린 시절의 트라우마가 있는 HSP들이라면 이 여정의 초기에 상담사나 EMDR 치료사와 같은 정신 보건 전문가의 도움을 받기를 권한다.(EMDR은 '안구 운동 민감 소실 및 재처리 요법 eye movement desensitization and reprocessing'의 줄임말로, 특히 트라우마 치료에 효과적이다.) 이들과의 작업을 권하는 이유는 여러분이 치유되지 않은 감정들을 안전한 방법으로 지지받으면서 해소하고 처리할 수 있게 하기 위해서이다.

나는 이제까지 많은 HSP들을 도와 이 여정으로 안내했다. 자, 그러면 이 여정에 어떤 것들이 포함되는지 살펴보자. 나의 치유 경험에 따르면 이 여정에는 대개 네 개의 단계가 있다.

1단계: 내면의 빈 공간을 직면하기

HSP들은 버림받은 기분, 거부당한 느낌, 외로움, 소외감, 길을 잃은 느낌, 혼자 별난 사람인 듯한 기분 등이 올라오는 내면의 빈 공간을 직면하기를 두려워하는 경우가 많다. 그래서 내면의 공허함을 모른 척하기 위해 바깥에다가 에너지를 쏟는다. 인격적 자아 또는 에고는 돈, 물질, 인간 관계, 직업, 성공, 권력 등의 형태로 외부의 인정을 받음으로써 내면의 공허함을 가리려한다. 하지만 그 공허함은 사라지지 않고 자꾸 올라오면서 우리에게 자신의 존재를 상기시킨다.

우리의 진짜 모습을 회복하는 유일한 방법은 시선을 밖이 아니라 안으로 돌려서 자기 내면에 무엇이 있는지 알아차리는 것뿐이다. 내면의 '어둠' 혹은 '그림자' 속에 무엇이 있는지 의식함으로써 그 어두움에 빛을 비추고 그것이 사라지게 할 수 있다.

물론 이것은 시간이 걸리는 작업이다. 문을 열어 빛을 비춘다고 해서 단번에 방 안에 있는 모든 것이 보이지는 않는다. 탐색이 필요하다. 당신이 해야 할 일은 기꺼운 마음으로 방 안을 둘러보고, 구석구석 빈틈없이 빛을 비추어 당신이 가진 갖가지 두려움과 그 두려움이 어떻게 당신과 당신 삶을 좌지우지하는지 알아내는 것밖에 없다.

이 지점에 이르면 빈 공간을 감추기 위해 사용해 온 방법들이 더 이상 작동하지 않음을 깨닫게 된다. 예를 들어 어떤 사람들과는 더 이상 같은 관심사나 공통의 일을 나누고 있지 않은 자신을 발견할 것이다. 이 '놓아주기' 또는 '흘려보내기'의 과정은 내면에 갈등을 불러일으킬 수 있다. HSP에게는 '충성심'이라는 요인이 관계에서 큰 부분을 차지하기 때문이다. 그래서 설사 심리적·감정적으로 건강하지 못한 우정이나 관계라고 해도 그 관계를 정리하기가 무척 어렵다.

이런 관계가 최선의 이익을 가져다주지 못한다는 사실을 깨달은 뒤에도 이 관계를 잃어버린다고 생각하면 마음속 깊숙한 데서 버림받은 기분이나 외로움이 올라와 오히려 전보다 기분이 더 안 좋아진다. 이 단계가 너무나 괴로운 나머지 많은 HSP들이 기존의 대응 방식이나 관계 속으로 되돌아가기도 한다. 기존의 방식을 놓아버리기는 했지만 아직 새로운 방식에 익숙해지지 않아서, '진정한 자아'가 마치 무인도에라도 가 있는 듯 외로움과 고독함을 느끼기 때문이다.

2단계: 이해하고 치유하기

어린아이가 매번 어떻게 느끼고 생각하고 행동해야 하는지 (HSP의 경우에는 종종 '느끼지 말고 생각하지 말고 행동하지 말아야' 하는지) 지시받는다면, 그들의 진짜 느낌이나 진정한 자아는 그림자 속으로 깊숙이 숨어들게 된다. 상처 입은 내면 아이는 이 모든 표현되지 못한 감정들을 성인기까지 끌고 가는 경우가 많다. 그러면 힘들거나 변화가 일어날 때, 또는 단순히 그 감정들을 더 이상 끌어안고 있을 수 없을 때, 우리 안의 표현되지 못한 부분들이 나타나 내면의 문을 두드린다. 상처 입은 내면 아이는 자신의 이야기가 들려지기를, 자신이 보아지기를, 오랫동안 연락이 끊겼던 옛 친구처럼 환영받기를 기다리고 있다.

그러나 많은 사람들이 내면의 문 뒤에 누가 있는지 들여다보고 응답하는 대신, 노크 소리를 못 들은 척하는 쪽을 택한다. 술이나 약물로 노크 소리를 잠재워 버리는 사람들도 있다. 또 어떤 사람들은 이 불쾌한 손님이 내면의 문을 두드리며 관심을 끌지 못하게 하려고 섭식장애에 걸리기도 한다. 이 끈질긴 노크 소리를 무서워하는 대신, 그 안에 내적 평화와 온전함wholeness을 찾기 위한 열쇠가 들어 있다는 사실을 우리가 좀 더 빨리 깨달을 수 있다면 얼마나 좋을까?

온전함으로 돌아가는 HSP의 여정 2단계의 핵심은 내면의 고통(상처 입은 내면 아이)을 기꺼이 듣고 이해하려 하면서도 그 안에 갇히지 않도록 주의하는 것이다.(다시 말하지만 과거에 트라우마나 학대를 겪었다면, 이 단계에서 훈련받은 상담 전문가의 도움을 받기 바란다.) 자신의 이야기가 들려지고, 인정받고, 지지받고, 위로받고, 자비로 대해지고, 공감받고, 이해받고, 사랑으로 받아들여지는 것은 인간의 마음이 맛볼 수 있는 가장 강력한 경험 중 하나이다. 우리의 진짜 느낌에 접속함으로써 감옥을 나와 자유로 가는 여정, 감정에 갇혀 있는 상태에서 나와 감정에서 자유로운 상태로 가는 여정이 시작될 수 있다. 이것이 내면 아이가 당신에게 요구하는 전부이다.—내면 아이의 진짜 느낌을 이해하고 인정해 주는 것, 그리하여 자신에게 자상한 부모가 되어주는 것 말이다.

수많은 HSP 부모들이 나에게 자기 아이들을 얼마나 사랑하는지, 얼마나 아이들을 잘 보살피고 아이들 욕구에 귀 기울이는지 이야기한다. 그러나 정작 자신의 내면 아이에게는 그런 보살핌을 주지 못한다. 나는 그들에게 종종 만약 자녀들이 갑자기 겁을 먹고 무서워하거나 두려움에 떤다면 그럴 때 아이들을 무시하거나 비난하겠는지, 평가하고 질책하겠는지 물어본다. 그들은 당연하다는 듯 "절대 아니죠. 안심시켜 주고 사랑해 주고 안아줄 거예요!"라고 대답한다. 그러면 나는 당신 안의 내면 아이도 그렇게 대해주기를 기다리고 있다고 말해준다. 그러고 나면 그들도 비로소 자신의 상처를 어떻게 치유해야 하는지 이해하기 시작한다. 내면 아이는 당신으로부터 그 아이가 받아 마땅한 사랑과 수용, 보살핌을 받아야 한다. 외부의 인정으로는 내면 아이를 완전히 치유할 수 없다. 당신이 스스로를 사랑받을 자격이 없다고 느끼고 있다면 더더욱 그렇다.

치유 여정의 이 단계에서는 당신의 감정이 곧 당신이 아니요, 당신의 신념이 곧 당신이 아니며, 당신의 과거 이야기가 곧 당신이 아니라는 사실을 기억하는 것이 중요하다. 당신은 당신의 감정과 신념, 과거 이력보다 훨씬 큰 존재이다. 어린 시절에 한 역할은 그저 역할이었을 뿐이며, 이제 더 이상 그 역할을 계속하지 않아도 된다. 과거에 살아남기 위해 습득해야 했던 대처법들은 그 임무를 다했다. 이제 어른이 되었으므로 HSP 본연의 모습을 지키며 성공적으로 살아갈 수 있도록 과거의 대처법들을 점검하고 업데이트할 필요가 있다.

3단계: 두려움을 사랑으로 대체하기

이제 당신의 내적인 고통을 인지하고 치유의 과정을 시작했으며, 그림자 속에 숨겨진 모든 고통스러운 과거 기억과 감정을 기꺼이 마주하겠다는 마음을 내었으니, 내면의 빈 공간을 들여다보면서 그 안에 무엇이 있는지 밝혀내기가 예전만큼 두렵지 않을 것이다. 진동 에너지 측면에서 볼 때 당신은 두려움과 분리라는 에고의 에너지로부터 자기 수용과 사랑, 연민, 용서, 균형, 하나됨이라는 가슴 중심의 에너지로 옮겨가고 있다. 이 단계에서 우리는 모든 것을 통제하려고 애쓰는 대신, 삶을 신뢰하고(또는 다시금 삶을 신뢰하는 법을 배우고) 삶의 흐름에 자신을 내맡기기 시작한다. 가슴은 경험을 좋은 것, 나쁜 것, 옳은 것, 틀린 것으로 판단하지 않는다. 그렇게 판단하는 것은 우리의 머리일 뿐이다. 가슴은 느끼고, 사랑을 받고, 사랑을 주고, 우리의 영적인 자아(이 부분에 대해서는 3부를 보라)로부터 오는 지혜와 안내를 알려준다.

그러나 다른 사람들에 비해 뭔가 유별난 것 같고, 모자란 것 같고, 강인하지도 못한 것 같다는 느낌 때문에 많은 HSP에게 자기 사랑은 특히 어려운 과제일 수 있다.(10장 참조) 그래서 일부 HSP에게는 3단계 치유 과정이 더 오래 걸리기도 한다. 그러나 이 과정을 잘 통과하도록 도와주는 여러 가지 기법이 있다. EFT(12장 참조)를 통해 두려움에 기반한 생각을 놓아주는 것도 한 가지 방법이다. 이 외에도 13장에서 자세히 소개하는 차크라 정화 기법도 있으며, 마음 챙김이나 명상을 하는 것도 또 하나의 방법이다.

4단계: 가슴으로 살아가기

직감을 신뢰하고, 내면의 속삭임을 듣고, 그것이 말해주는 대로 행동하면서 가슴으로 살아가기 시작하면, 당신은 더 깊은 평화를 느끼면서 믿음은 커지고 걱정은 줄어들 것이다. 모든 것을 과도하게 분석할 필요가 없다는 것도 알게 될 것이다. 삶의 흐름에 맞서 저항하는 대신 흐름을 따라 걸을 수 있게 될 것이다. 이를 통해 삶의 모든 차원에서 기회와 동시성, 풍요로움이 당신 앞에 펼쳐질 것이다. 당신은 그것들을 받겠다고 '허용하기'만 하면 된다.

이 단계에서는 자연스럽게 영적인 본성이 깨어날 수 있다. 영적인 본성이 깨어난다는 것이 꼭 천사 같은 영적 존재들이나 신을 믿게 된다는 의미는 아니다. 그것은 단지 모든 생명의 신성함에 더 깊이 연결된다는, 즉 존재하는 모든 것과 하나됨을 느낀다는 의미이다. 예를 들면 이 단계에 있는 사람들은 특히 자연의 아름다움과 치유력을 깊이 이해하고 음미하는 경향이 있다. 그래서 이 단계에서는 숲속이나 바닷가 혹은 다른 어디라도 자신에게 가장 평화롭게 느껴지는 곳에서 산책을 하면서 최대한 많은 시간을 보낼 때 행복감을 느끼기도 한다. 매일 명상이나 기도를 하는 것도 우주 에너지의 근원 또는 신성神性에 접속해 가슴과의 연결을 강하게 유지하는 데 도움이 된다.

치유 여정의 4단계에서는 다른 사람을 돕거나 무언가를 돌려주려는(기여) 욕구가 일어나기도 한다. 따라서 이웃을 돕거나 선의의 일에 기부하거나, 지역 사회에서 봉사하거나, 또는 무엇이라도 끌리는 일이 있다면 그 충동을 따르기 바란다.

자신의 진짜 모습으로 살아가는 것, 진정한 자기 자신이 되는 것이야말로 삶의 궁극적인 목적이다. 나는 모든 HSP들이 자기 안에서나 세상 속에서나 자신의 타고난 민감성을 두 팔 벌려 환영하고 진정으로 체화하는 법을 배우기를 간절히 소망한다. 우리의 목적은 그게 무엇이 되었든 우리를 기쁘고 행복하고 열정적이고 만족스럽게 하는 일을 하며 살아가는 것이다.

2부에서는 여러분이 이러한 목표를 성취할 수 있도록 민감성의 특정 측면들에 효과적으로 대처하는 실질적인 방법을 소개한다.

2부

HSP를 위한
자기 돌봄 기법

2부에서는 HSP로서 일상 생활을 해나가면서 가장 흔히 마주치는 어려움들을 극복하는 데 도움이 될 만한 몇 가지 검증된 방법을 소개한다. 먼저 9장은 여러분이 이러한 어려움을 다루기에 앞서 감정적으로 준비될 수 있도록 도와주는 내용이다. 이 작업은 치유의 여정에서 가장 기초가 되는 첫걸음이다. 이어서 나를 비롯해 많은 HSP들이 자신의 민감한 기질을 다루는 데 큰 도움을 받은 다양한 기법을 소개할 것이다.

여러분은 일상에서 자기를 더욱 사랑하고 돌보는 습관을 들이는 방법, 과각성 상태가 될 때 이를 잘 다루는 방법, 막힌 에너지를 풀도록 도와주는 태핑 기법(감정 자유 기법 또는 EFT라고도 알려져 있다), 남들에게 에너지를 빼앗기지 않도록 막아주는 에너지 보호 기법, 그리고 마지막으로 자신에게 닥친 상실을 더 잘 이해하고 다룰 수 있게 해주는 애도의 단계들에 대해 배우게 될 것이다. 이곳에 제안된 여러 기법 중에서 여러분에게 와 닿고 실제로 효과도 좋은 방법을 찾을 수 있기를, 그리하여 여러분의 초민감성을 편안하게 느끼는 수준을 넘어 그 기질을 통해 더욱 풍요로운 삶을 일굴 수 있기를 진심으로 바란다.

9장

감정의 찌꺼기
걸러내기

HSP들에게 중요한 일 중 하나는 고통스러운 감정을 인정하는 것이다. 이 감정들은 수년에 걸쳐 쌓이면서 HSP들이 자유로워지지 못하게 구속하고 본연의 모습대로 사는 걸 가로막는다. 상처받은 자아를 치료하기 전까지 우리는 이 '감정의 찌꺼기'로 가득한 진창에서 허우적댈 것이다. 감정의 찌꺼기 중에는 우리 자신의 것도 있고 다른 사람들의 감정으로부터 넘어온 것도 있다.

이 시점에서 우리가 '느낌feeling'이라고 부르는 것과 '감정 emotion'이라고 부르는 것을 치료 용어면에서 구분해 주는 것이 좋겠다. 느낌은 지혜의 발산지인 심장 고유의 고요한 속삭임으로, 뇌에서 의식적으로 처리되며, 몸에 신체적인 반응을 일으키지 않는다. 따라서 느낌은 우리가 정말로 그것에 귀 기울이는 법을 배우기만 한다면 훌륭한 안내자가 된다. 그 반면 감정은 우리 뇌의 생리학적 산물이며, 신체적으로 느껴진다. 따라서 감정은 심장 박동의 증가나 식은땀을 흘리는 것과 같은 신체적 증상을 일으킬 수 있다.

우리가 자신의 감정을 항상 이해할 수 있는 것은 아니다. 그러다 보니 감정에 휘말려 우리의 중심 또는 참 자아로부터 벗어나는 일이 생기기도 한다. 힘든 시기를 겪고 있을 때는 더더욱 그렇다. 감정을 '움직이는 에너지energy in motion'(영어로 감정은 emotion이다—옮긴이)라고 생각해 보면 도움이 될 것이다. 감정은 마치 물과 같아서 움직이고 흐른다. 일이 잘 풀릴 때처럼 잔잔하게 흘러갈 때도 있지만, 성난 급류처럼 맹렬히 흐르며 수면 아래 있는 모든 것을 휘저어놓을 때도 있다. 살면서 온갖 감정을 두루 경험하는 것은 자연스러운 일이다. 하지만 HSP들은 감정을 강렬하게 느끼고 깊이 받아들이기 때문에 얼어붙든 휩쓸려가든 감정에 지배당한다는 기분을 느낄 때가 많다.

감정을 정화하기

감정을 효과적으로 처리하는 법을 이해하기 위해 물의 정수 처리 과정을 떠올려보면 좋을 것 같다.

정수장에서는 빗물을 받아 저수조에 저장한다. 정수 과정의 첫 번째 단계는 빗물과 함께 들어온 나뭇가지나 나뭇잎을 모두 제거해 정수 시설이 막히지 않게 하는 것이다. 두 번째 단계에서는 보이지 않는 입자들을 제거하는데, 우선 굵은 모래가 들어 있는 여과 탱크에 물을 흘려보내고 그 다음으로 훨씬 가는 모래가 쌓인 여과층으로 물을 통과시켜 급수장에 저장한다. 마지막으로 펌프로 물을 퍼 올려 수도관을 통해 보내서 사람들이 사용할 수 있게 한다.

이 정수 처리 과정이 감정 정화 과정과 어떻게 닮아 있을까? 자라면서 우리는 여러 경험을 통해 다양한 감정들을 받아들인다. 그리고 앞에서 본 것처럼 HSP는 이러한 경험에 일반 사람들보다 더 크게 영향을 받는 경향이 있다. 내적인 감정 처리 과정에서 우리는 먼저 감정의 급수장을 막고 있는, 눈에 보이는 찌꺼기들을 알아보고 잡아내야 한다. 예컨대 '이 화는 그 사람의 것이지 내 것이 아니야. 그러니까 이건 내다버려야겠다' 하는 식으로 말이다.

다른 모든 것이 균형 잡혀 있는 상태라면, 그렇게 했을 때 우리의 감정은 이제 두 가지 필터층으로 이루어진 정화 시스템을 거친다. 하나는 굵은 모래 같은 역할을 하는 에고 필터이고, 다른 하나는 가는 모래 같은 역할을 하는 가슴 필터이다.

에고 필터는 개개인의 성격과 역사에 바탕해서 만들어진 것으로, 과거 경험이나 믿음, 상처, 트라우마, 고통에 따라서 우리의 감정을 분류한다. 가슴 필터는 우리 안의 더욱 지혜롭고 고차원적이고 직관적인 부분과 연결되어 있는 것으로, 우리를 감정 문제의 밑바닥까지 데려가 근원적 차원에서 해결 방법을 찾도록 돕는다.

그런데 우리가 과거의 상처 때문에 자기도 모르게 두 번째 필터(가슴 필터)를 닫아놓는 바람에, 보통 때 같으면 처리되었을 보이지 않는 입자들이 처리되지 못한 채 쌓여서 곪다가 급기야 우리의 감정 처리 시스템 전체에 영향을 미치면 문제가 발생하기에 이른다. 감정의 찌꺼기 또는 감정의 '오물'이 우리 눈에는 보이지 않지만 그 자리에 고여서 장애물을 만들어내고 불편한 느낌을 주는 것이다. 이러한 문제는 삶이 수월하게 흘러가지 않는 느낌, 막다른 벽에 부딪혀 옴짝달싹할 수 없는 느낌, 모든 것이 망가지거나 무너지고 있는 듯한 느낌 등으로 나타날 수 있다.

에고는 이 찌꺼기들을 없애려고 다양한 방법을 동원할 것이다. 예컨대 이야기를 들어주는 사람이라면 누구든 붙들고 하소연하기, 남 탓하기, 감정이 못 나오게 억누르기, 알아서 없어지기를 바라며 모른 척하기 등이 에고가 사용하는 방법들이다. 그러나 이보다는 문제의 근원으로 돌아가 이중 정화 시스템이 잘 작동하고 있는지부터 확인하는 쪽이 훨씬 나을 것이다.

또는 정체되어 있는 에너지를 태핑 기법으로 풀어주거나 앞으로 소개할 매우 실용적인 자기 돌봄 기법들을 활용하는 등의 적극적 행동을 취하는 것도 가슴 필터가 다시 잘 작동하도록 하는 방법이 될 수 있다. 가슴 필터가 다시 작동하기 시작하면 물 (우리의 느낌과 감정)을 깨끗하게 정화하여 다시 순조롭게 흘려보낼 수 있고, 그 결과 우리도 더욱 가볍고 자유로워질 것이다.

하지만 행동을 취하기가 항상 쉽지만은 않다. 우리 안에 저장된 고통스러운 감정을 직면하는 데는 용기가 필요하기 때문이다. 또한 찌꺼기나 오물이 너무 많이 쌓인 나머지 물이 넘쳐흐를 지경에 이르렀다면 한동안 유해한 환경에 노출될 수 있으며, 유해한 환경은 질병이나 신경쇠약에서부터 각종 중독과 자해에 이르는 다양한 문제를 일으킬 수 있다. 이렇게 극단적인 상황은 대부분의 HSP에게 깨어나라는 경고 신호로 작용한다. 또 어떤 사람들에게는 수년간 쌓아온 방어벽을 무너뜨리고 마침내 자신의 연약함을 인정하고 적절한 사람들(아마도 전문가)에게 도움을 구하도록 하는 계기가 되기도 한다. 많은 경우 이 단계는 HSP들을 개인적인 발전과 성장의 길로 들어서도록 이끈다.

10장

자기를 사랑하는 방법

알다시피 많은 HSP들이 자존감이나 자기 가치감 부족으로 고통받고 있다. 이러한 자존감 부족은 주로 '어딘가 잘못됐다' '유별나다'는 느낌에서 비롯된다. 게다가 많은 HSP가 자신들의 민감성 때문에 듣는 비판과 평가, 그리고 그 성향 때문에 겪어야했던 어린 시절의 따돌림과 학대까지 더해보면, 왜 수많은 HSP들이 그토록 자기를 사랑하기 어려워하는지 이해할 수 있을 것이다.

자기 사랑은 자기 돌봄, 그리고 건강한 방법으로 여섯 가지 기본 욕구 채우기(6장 참조)와 함께 HSP의 치유 여정에서 가장 중요한 부분이다. 다른 사람의 의견에 휘둘리지 않고 자기 가치감과 자존감을 쌓아나감으로써, HSP는 자신을 바라보는 건강한 시각을 형성할 수 있고, 믿음과 강인함, 용기를 얻어 자신의 초민감성을 능숙하게 다루고, 그것을 진정한 장점으로 여기는 법을 배울 수 있다.

그렇다면 자기 사랑이란 정확히 무엇인가? 나에게 자기 사랑이란 '육체적·감정적·심리적·영적인 성장을 돕는 행위를 통해서 성장해 나아가는 자기 자신을 깊이 이해하고 감사하는 상태'이다. 따라서 자기 사랑이란 자기 안에 부정적인 느낌과 행동을 낳는 부정적인 신념과 생각의 한계를 바꾸기로 선택하는 것, 부정적 감정과 행동 대신에 긍정적이고 주체적인 생각을 선택하는 것이다.

이러한 선택이 자존감과 '나도 가치 있는 존재'라는 느낌을 낳고, 그러한 생각이 자신을 더욱 열심히 돌보는 행동으로 이어진다. 아름다운 선순환이 이루어지는 것이다. 자기 사랑이 커질수록 이러한 선순환이 훨씬 더 잘 이루어질 수 있겠다는 생각이 들지만(아마도 대부분의 HSP가 그렇게 생각할 것이다!) 어디서부터 시작해야 할지 모르겠다면, 다음의 열두 단계 가이드를 따라하는 것이 좋은 출발점이 될 것이다.

1단계: 다른 사람과 비교하기를 멈추기

동기부여를 받기 위해서나 긍정적인 결과물을 내고 싶어서 우리는 종종 자신을 남과 비교할 때가 있다. 하지만 대부분의 경우에는 '저 사람이 나보다 훨씬 똑똑해/예뻐/잘생겼어/자신감 넘쳐' 등 자신에게 무언가 부족한 존재라는 느낌을 주는 쪽으로 비교를 한다.

세상에는 언제나 우리보다 '나은' 사람이 있을 것이다. 이 말은 곧 끊임없이 자신을 남과 비교하는 행동으로는 자존감에 해를 입히지 않을 수 없다는 의미이다. 그런 식으로 남과 비교하기보다는 내면에서부터 있는 그대로의 자신을 받아들이는 쪽으로 노력하는 것이 훨씬 건강한 방법이다. 자기 사랑이란 외모나 성취와는 관련이 없다는 사실을 명심하기 바란다. 진정한 아름다움은 내적인 품성에 있다. 내가 아는 가장 아름다운 사람들은 겉모습 보여주기에 급급한 기존 대중 매체의 기준으로 봤을 때는 그다지 매력적이라고 할 수 없다. 하지만 그들은 내면으로부터 아름다움과 빛을 발산하는 사람들이다.

HSP가 특히 명심해야 할 중요한 점 하나가 자신을 일반인과 비교하지 않는 것이다. 물푸레나무는 결코 참나무가 될 수 없다. 하지만 물푸레나무는 그 자체로 아름답고 소중하다. 우리가 HSP건 아니건 우리는 모두 있는 그대로 완벽한 존재들이다. 그러니 당신의 독특하고 민감한 자아를 축하하라! 당신은 눈부시다! 자신의 존재를 축하하는 구체적인 방법 중 하나는 매일 긍정적인 확언確言으로 하루를 시작하는 것이다. 확언은 검색해서 찾아봐도 되고, 스스로 만들어도 된다. 혹은 다음 예문을 활용해도 좋다.

"나 같은 사람은 나밖에 없습니다. 나는 나의 민감성을 두 팔 벌려 환영하며, 이 민감성이 나와 타인에게 가져다주는 선물들에 감사합니다."

2단계: 자기 비난을 멈추기

당신은 스스로를 평가하고 비판하고 꾸짖는 내면의 목소리를 알아차리고 있는가? 당신이 어딘가 부족하다거나 별로 성공한 게 없다는 식으로 말하면서 스스로를 의심하게 만드는 그런 목소리 말이다. 이 내면의 비평가는 점점 당신을 갉아먹으면서 우울하거나 불안하게 만들 수 있다. 또한 당신의 느낌이나 자기 가치감을 손상시킬 수도 있다. 그런데 왜 우리 안에 이런 목소리가 있는 것일까?

심리학적 측면에서 보면 내면의 비평가는 에고ego(우리의 개인적

정체성을 담당하는 부분) 안에 있는 하위 인격이다. 에고 아래에는 수 많은 하위 인격들이 있는데, 내면의 비평가는 HSP 안에서 가장 크게 목소리를 내는 하위 인격 중 하나이다. 우리 안에 있는 내 면의 비평가는 우리가 처음 남들의 투사, 두려움, 평가, 신념, 부 정적인 말을 흡수하던 어린 시절에 주로 형성된다.

그러니 우리가 내면의 비평가를 마음에 들어 하지 않는 것도 그다지 놀라운 일은 아니다. 우리는 내면의 비평가를 개인적 성 장을 가로막는 적으로 여긴다. 그래서 어떤 사람들은 내면의 비 평가를 모른 척 무시하고 어떤 사람들은 긍정적인 생각만 하면 서 내면의 비평가를 억누른다. 하지만 이런 식의 대처는 비평가 의 목소리를 잠시 잠재울 수 있을 뿐이다.

내면의 비평가를 효과적으로 다루는 비결은 비평가와 친구 가 되는 것이다. 다음에 나오는 내용을 참고하여 내면의 비평가 와 친구가 되어보자.

내면의 비평가와 친구되기

다음은 내면의 비평가를 친구로 만들어가는 일곱 단계이다.

1. 내면의 비평가를 어떤 인물이라고 상상해 본다. 투덜이 메리, 심판관 존, 잔소리꾼 노라와 같이 비평가의 현재 성격을 반영하는 이름을 지어준다.

2. 내면의 비평가에게 그가 느끼거나 생각하는 것을 전부 쏟아낼 수 있는 기회를 주고, 나중에 다시 보거나 들을 수 있도록 그 말들을 일기장에 적거나 녹음해 둔다.

3. 일기를 다시 읽어보거나 녹음한 내용을 다시 들어본다. 이런 말들을 전에도 어디선가 들어본 적이 있지 않은가? 이 말들 속의 진짜 목소리는 누구의 것인가? 당신을 멍청이라고 부르곤 하던 학교 선생님? 당신을 실패자라고 부르며 왜 그 모양이냐고 나무란 직장 상사? 당신의 행동에 대해 이러쿵저러쿵 간섭하던 부모님? 당신 외모에 질투어린 말을 쏟아내던 친구? 내면의 비평가가 하는 말이 누구의 목소리인지 알아차리면 이러한 비판이 언제, 어디서 시작되었는지 알 수 있다.

4. 다음에는 이러한 부정적인 생각과 믿음이 과연 타당한지 의문을 제기해 본다. 예를 들어 내면의 비평가가 "너는 멍청해"라고 말한다면, '나는 어떻게 이런저런 자격증을 딸

수 있었지?' 하고 물어본다. 당신이 실패자라고 말하면, '나는 어떻게 해마다 그렇게 많은 성과급을 받고 있지?' 하고 묻는다. 또 당신이 못생겼다고 하면, '어째서 남들은 내 외모를 두고 칭찬을 하는 거지?' 하고 물어본다. 지금 제시한 것은 몇 가지 예에 불과하다. 당신에게는 당신만의 상황이 있을 것이다. 이렇게 질문하는 방법을 통해 위축되지 않고 당당하게 내면의 비평가와 소통할 수 있을 것이다.

5. 이제 그런 부정적인 생각과 감정이—타인의 의견과 투사에 기인한 것이든, 당신 스스로 지어낸 비판이든—전혀 사실이 아니라는 걸 알도록 도와준 내면의 비평가에게 감사를 전한다. 또 당신이 자기 사랑과 자존감을 계속해서 키워나갈 필요가 있음을 분명히 알게 해준 점에 대해서도 내면의 비평가에게 감사한다.

6. 그 다음에는 내면의 비평가에 대한 이 새로운 감사와 연민을 반영하여, 메신저 메리, 나란히 걷는 존, 신호를 주는 노라와 같이 비평가의 이름을 바꿔준다. 당신의 일부분인 이 비평가를 마음속으로 안아주면서, 자기 사랑과

연민을 받으면 기분이 좋아지고 상처가 치유될 거라고, 더 이상 파괴적인 평가나 비판을 하지 않아도 될 거라고 말해준다.

7. 처음에 다소 저항이 있더라도 치유를 향한 이 여정을 내면의 비평가와 함께 시작한다.—때로는 조금 험난하게 시작하는 우정도 있는 법이다! 그리고 이 점을 잊지 말자. 내면의 비평가는 오랫동안 당신 머릿속에서 중요한 인물이었다. 그러니 인내심을 갖기 바란다. 내면의 비평가가 뒷좌석으로 물러날 준비가 됐다고 느낄 때까지 시간이 조금 걸릴 수도 있다.

슬금슬금 과거의 습관으로 돌아가거나 내면의 비평가가 다시 목소리를 높인다고 느껴진다면, 이 일곱 단계를 처음부터 끝까지 자주 반복한다. 당신은 고유한 존재이고, 지금 모습 그대로 소중하며, 따라서 친절한 대우를 받아 마땅하다는 믿음을 굳건하게 유지하기 바란다.

3단계: 자기 연민을 기르기

수많은 HSP들이 타인에게는 엄청난 연민을 품고 또 보여주면서도 정작 자신에게는 그렇게 하지 못한다. 자기 자신과 자신의 행동에서 한 걸음 물러나 바라보면 당신이 스스로를 얼마나 평가하고, 탓하고, 비판하고, 거부하는지 더욱 뚜렷하게 볼 수 있을 것이다. 자기 비난과 책망, 비판은 당신을 갉아먹고 자기 혐오를 부추길 뿐이다. 그러므로 HSP들에게는 자신을 연민과 사랑, 이해, 따뜻함으로 대하고 스스로를 갉아먹는 짓을 멈추는 것이 매우 중요하다. 자기 가치감이 결핍되어 있거나 버릇처럼 자책하는 HSP들은 스스로에게 이렇게 질문해 보면 좋다. "내가 파트너나 아이들, 친구들, 사랑하는 사람들을 대할 때도 나에게 하듯이 할까?" 이 질문에 대한 답이 "아니오"라면 스스로를 좀 더 친절하게 대하겠다고 약속하라.

수많은 HSP들이 또한 스스로에 대해 지나치게 높은 기대치를 가지고 있다. 불가능하거나 너무 큰 스트레스를 주는 목표 대신 현실적이고 성취 가능한 목표를 세우는 것이야말로 자기 연민과 자기 사랑을 기르는 데 아주 중요한 부분이다. 지금 삶에서 매우 힘든 시기를 보내고 있다면, 당신이 현재 주어진 상황에서 최선을 다하고 있음을 알고 스스로에게 "이게 지금 내가 할 수 있는 전부야. 그래도 괜찮아"라고 말해주는 것이 곧 자기 연민이다.

4단계: 용서하기

다른 사람들을 용서하기가 HSP에게는 어려운 일일 수 있다. 워낙 감정을 깊게 느끼며 경험하다 보니 상처와 거짓말, 배신 등은 HSP의 내면 깊숙한 곳에 고통스러운 감정으로 남을 수 있기 때문이다. 이 고통 속으로 들어가 자신이 붙들고 있는 감정을 놓아주어야만 완전한 용서가 일어날 수 있다.

나는 나쁜 생각을 하고 싶지 않거나 부정적인 감정을 느끼고 싶지 않아서 누군가를 용서한 척하는 HSP들을 자주 만난다. 이들은 내가 '가짜 긍정pseudo-positivity'이라고 부르는 모습을 보이며 용서하는 척하지만, 내면 깊이 들어가서 진정한 용서를 한 적은 없다. 그 결과 표출되지 못한 감정이 그들의 몸이나 그림자에 갇혀 있게 된다.(69쪽 참조)

누군가를 완전히 용서하기 위해서는 몇 가지 단계를 거쳐야 한다. 첫째, 올라오는 모든 감정을 느끼도록 허용하고, 감정을 표현할 수 있는 안전한 공간을 찾아야 한다. 이 작업을 위해서 추천하고 싶은 이상적인 장소는 훈련받은 심리상담사와 충분히 이야기를 나눌 수 있는 치유 공간이다. 당신에게 상처를 준 실제 인물과 이 작업을 하는 것은 좋은 생각이 아니다. 안전한 공간에서 우리는 올라오는 감정의 표면 아래에 무엇이 있는지 탐색해 볼 수 있다.

그 다음으로, 과거에 이 감정을 느꼈던 때가 언제인지 찾는다. 콕 집어낼 만한 반복되는 패턴이 있는가? 예컨대 친구가 막판에 당신을 실망시키는 바람에 분노와 좌절감이 일었다면, 다른 때에도 똑같은 감정을 느낀 적이 있는지 살펴본다. 더 깊고 오래된 상처가 기억 속에서 올라와 당신이 왜 그렇게 지나치다 싶을 만큼 친구에게 화가 났었는지 이해하도록 해줄지도 모른다. 이러한 이해는 당신이 용서의 여정을 잘 갈 수 있도록 도와줄 것이다.

그러면 이제 상황을 좀 더 넓은 시각으로 바라보자. 당신에게 상처를 준 사람의 행동이나 상황이 더 큰 배움의 일부일 수도 있지 않을까? 어쩌면 그들의 못된 행동이 그들 자신의 과거 문제로 인한 것은 아닐까? 만약 그들의 행동이 당신에게 오래된 미해결 패턴을 치유하기 위한 기회를 준 것이라면? 이미 일어난 일에서 얻을 수 있는 긍정적인 측면은 없는가? 예컨대 누군가 당신을 함부로 대했다면, 잠시 당신이 스스로를 어떻게 대하고 있는지 돌아보자. 다른 사람과의 관계에 있어서 더 확실하게 경계선을 그을 필요가 있는 것은 아닐까? 당신이 스스로를 좀 더 존중해 주어야 하는 것은 아닐까? 이러한 성찰을 마주하지 않는다면 진정한 용서로 가는 길을 만나기 어려울 수 있다.

그런데 누군가를 용서한다는 것이 곧 그들이 당신에게 한 짓이 괜찮다는 의미는 아니다. 용서한다는 것은 그들로 인해 당신이 받은 고통을 더 이상 지고 가지 않겠다는 의미이다. 이것은 아주 많은 차원에서 큰 해방감을 주는 경험이다.

그러나 용서가 단순히 다른 사람들을 용서한다는 의미만 있는 것은 아니다. 그것은 당신 자신을 용서한다는 의미이기도 하다. 우리는 누구나 과거에 의식적으로든 무의식적으로든 다른 사람뿐 아니라 자기 자신에게도 상처 주는 행동을 한 적이 있다. 진정한 자기 사랑을 기르기 위해서는 다른 사람을 용서하는 것과 똑같은 과정을 통해 당신의 과거 행동과 반응을 용서하는 작업이 반드시 필요하다.

5단계: 죄책감 없이 '아니오'라고 말하기

나에게 상담을 받았던 HSP들은 거의 대부분 '아니오'라고 말하는 데 어려움을 겪었다. 곤란한 상황에 놓여 있거나, 거절하면 상대방에게서 좋지 않은 반응이 나올 거라 생각이 들 때는 더욱 그랬다. '아니오'라고 말하지 못하는 이유 중 하나는 남을 돕고 싶어 하는 HSP의 타고난 성향 때문이다. 하지만 자존감 결여 역시 '아니오'라고 하지 못하는 원인이 될 수 있다. 그 결과 HSP들은 다른 사람의 부탁을 거절할 때 죄책감을 느낀다거나 자기가 이기적이라고 생각하는 일이 많다. 이 말은 곧 그들이 원치 않는 일을 부탁받았을 때도 '예'라고 말하는 경우가 많다는 뜻이다. 그러고는 안타깝게도 이용당했다고 느끼거나 속으로 원망을 품는다.

평생 '예'라고만 말하던 HSP가 '아니오'라고 말하는 것은 매우 큰 도전이 될 수 있다. 그렇게 할 수 있기까지는 연습이 필요하다! 무언가 부탁을 받았을 때 대놓고 '아니오'라고 말하는 데 자신이 붙을 때까지는 연습의 첫걸음으로 "조금 이따가 말씀드릴게요"나 "그 점에 대해서는 나중에 다시 연락드릴게요"라고 말하는 습관을 들여본다. 또 하나의 팁은 그것을 하고 싶은지, 아니면 해야 할 것 같은 기분이 드는지 자문해 보는 것이다. 만약 대답이 '해야 할 것 같아서'라면 그것은 대개 우리가 받아들여 내재화한 남들의 메시지나 기대이므로 "아니오!"라고 말해도 괜찮다.

6단계: 느끼는 대로 솔직하게 표현하기

수많은 HSP들이 느낌을 솔직하게 표현하는 데 어려움을 겪는다. 감정을 처리하는 깊이가 깊거나 느끼는 강도가 강렬하기 때문이다.(감정을 처리한다는 것은 감정을 단순히 느끼는 것을 넘어, 그 감정을 이해하고, 성찰하고, 다루어서 흘려보내는 일련의 과정을 의미한다. 감정을 처리하는 깊이가 깊다는 것은 해당 감정에 대해 더욱 깊이 들여다보고 성찰하며, 이에 따라 그 감정을 해소하는 데 시간이 더 걸릴 수도 있다는 뜻으로 보면 될 것 같다.—옮긴이) 해결책은 자신이 느끼는 것을 솔직하게 인정하고, 표현하고, 당당하게 표현하는 법을 익히는 데 있다. 다시 한 번 말하지만 이건 연습이 필요한 일이다!

이성적으로는 당신의 느낌이 옳고 그것을 표현할 자격이 충분히 있다는 것을 알아도, 다른 사람을 상처 입힐지 모른다는 걱정 없이 자신의 느낌을 온전히 표현하는 법을 배우는 것은 많은 HSP들에게 딜레마이다. HSP들은 차가운 사람으로 보이는 것을 싫어하고, 그래서 자신의 진짜 느낌을 억누를 때가 많기 때문이다.

당당하게 표현한다는 것은 자신의 가장 내밀한 느낌을 받아들이고 책임지며 안전하고 건강한 방법으로 그것을 표현하도록 허용한다는 의미이다. 중요한 점은 당신의 욕구를 말하되 다른 사람들이 그것을 채워줘야 한다고 생각하지 않는 것이다. 결과에 구애받지 않고 말하는 것이 중요하다.

주변에 당신을 헐뜯는 말을 하는 사람이 있는 경우, 그 사람의 행동이 당신에게 어떤 느낌을 주는지 당당하게 말하는 방법은 "그렇게 헐뜯는 말을 하니 속상해. 그건 참 별로야. 나에게 상처가 돼"라는 식으로 말하는 것이다. "너는 참 별로야. 네가 나를 헐뜯으니, 너 때문에 기분이 나빠"라고 원인을 '너'에게 두는 방식으로 말하지 않는다. 이렇게 함으로써 당신의 느낌을 당신 자신의 것으로 인정하며 상대방을 탓하지 않게 된다. 그저 당신의 느낌을 있는 그대로 말하는 것뿐이다.

7단계: 경계선 설정하기

건강한 경계선을 설정하는 것은 자기 사랑을 실천하는 행동의 하나이다. 건강한 경계선을 설정한다는 것은 신체적·감정적·정신적·영적 차원에서 자신의 한계가 무엇인지 확실히 알고 이해한다는 의미이다. 잠시 시간을 내어 경계선이 없음으로 인해 당신이 참고 견뎌야 했던 것들에 대해 생각해 보자. 당신은 얼마나 자주 주체성을 침범받았거나 이용당했다고 느끼는가? 건강한 경계선이 없다면 당신은 다른 사람들 문제에 휘말리거나 남들에게 무례하고 형편없는 대접을 받고 있을지도 모른다. 하지만 기억하라. 당신을 대하는 다른 사람들의 태도는 당신이 허용할 때만 계속될 수 있다.

HSP는 경계선을 설정하고 실행에 옮기는 데 어려움을 느낄 수 있다. 그러다 보니 해로운 사람들이 삶에 들어오도록 허용하기도 한다. 그것은 HSP들이 자기의 힘을 내주고 그 대신 자신들을 통제하고 지배하는 사람들을 끌어당기거나, 다른 사람을 차마 거절하지 못해 결국 자신을 조종하거나 감정적으로 지치게 만드는 사람들과 엮이고 말기 때문이다. HSP들은 또한 못된 행동 너머에 있는 동기까지 보려는 경향이 있으며, 남의 기분을 상하게 하고 싶어 하지 않는다. 하지만 그것이 남의 못된 행동을 참고 견뎌야 한다는 의미는 아니다. 자신을 사랑한다면, 다정하고 사랑스런 방법으로 건강한 경계선을 설정할 수 있다.

HSP들은 남들이 자기의 친절함을 이용하는 경우가 많다고 말하지만, 분명한 경계선을 설정하는 것과 친절함은 성공을 보장하는 조합이다. 교도소에서 일할 때 나는 이 점을 재빨리 깨우쳐야 했다. 동료들과 대화할 때 "나의 친절함을 나약함으로 착각하지 마" 같은 말을 흘려 나의 경계선을 확실히 해야 했기 때문이다. 자기 사랑과 주체적인 태도는 경계선을 설정하는 데 핵심적인 요소이다.

하지만 사람들이 여전히 당신이 설정한 경계선을 무시한다면 결국에는 그 사람들을 당신 삶에서 빼버려야 할 수도 있다. 경계선을 존중하지 않는 사람과의 관계를 끊는 것 역시 자기를 사랑하는 행위이다. 그리고 그렇게 함으로써 상대에게도 그들이 다른 사람을 어떻게 대하고 있는지 알아차릴 수 있는 씨앗을 심어주는 계기가 된다. 경계선을 설정하는 행위는 또한 다른 사람들이 당신을 존중하고 소중하게 여길 수 있게 해준다.

소소한 경계선을 설정하는 것에서부터 이 연습을 시작해 보

자. 아주 단순한 일이라도 좋다. 예컨대 파트너나 아이들에게 당신의 목욕 시간은 '방해하지 마시오 시간'이라고 말해보라. 당신이 과잉 자극을 받지 않고 편안하게 보낼 수 있는 시간과 공간을 마련하는 것이다. 이런 식으로 자신을 위해 약간의 시간과 공간을 내는 행위가 당신에게 커다란 보상을 가져다주는 것은 물론 더욱 자신 있게 스스로를 돌보고 더 큰 경계선도 설정할 수 있도록 해줄 것이다.

8단계: 중독을 치유하기

일반인들 속에서 HSP로 살아가기란 정말 쉽지 않다. 그러다 보니 중독 문제를 가지고 있는 HSP들이 꽤 많다. 세상에서 느끼는 압박감으로부터 탈출하기 위한 방편으로 무언가에 중독되는 것이다. 음식, 술, 약물, 섹스, 도박, 카페인, 일, 관계 등 중독의 대상이 무엇이든 그것들은 모두 바깥세상으로부터 오는 자극에 무감각해지기 위한 임시방편이다.

만약 당신이 무언가에 중독되어 있는데 그 반복되는 패턴을 바꾸거나 깨고 싶다면, 다음의 변화 사이클 모델을 이해하고 그대로 실행해 보면 도움이 될 것이다. 이 변화 사이클 모델은 중독 치료 기관에서 사용하는 것이지만, 우리가 삶에서 변화시키고 싶은 것이라면 어떤 것에도 적용할 수 있다. 1970년대에 제임스 프로차스카James Prochaska와 디 클레멘테Di Clemente라는 두 심리학자가 개발한 이 모델은 필요한 만큼 몇 번이라도 반복할 수 있도록 일곱 단계의 순환 과정으로 되어 있는데, 사람들이 자신의 감정을 자극하는 요소를 이해하고 그에 효과적으로 대처할 수 있도록 고안되었다.

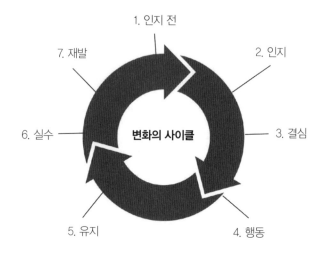

이 책에서는 알코올 중독을 사례로 들 텐데, 알코올 대신 다른 중독성 물질이나 행동 패턴(예를 들어 '먹기')을 넣어도 상관없다. 변화 사이클 모델의 일곱 단계는 다음과 같다.

1. 인지 전 단계

이 시기에는 당신의 음주 습관에 문제가 있다는 사실을 인지하지 못하거나 알더라도 부인한다. 또는 당신이 술을 얼마나 마시는지, 습관적으로 마시고 있지는 않은지에 대해 생각해서 본 적이 없다.

2. 인지 단계

이 시기는 당신의 패턴에 대해 생각하거나 인지하기 시작하는 때이다. 주말마다 재활용 쓰레기통에 빈 술병이 얼마나 쌓였는지 알아차리기 시작할 것이다. 주변 사람들이 당신의 음주 습관이나 알코올 의존성을 얘기해 줄 수도 있다. 음주가 문제가 된다고 생각하지 않을지 모르지만, 계속해서 과한 양의 술을 마시고 있다면 건강이 악화되어 문제가 될 것이다. 술값으로 너무 많은 돈을 쓰거나 숙취로 일을 못해서 경제적으로 어려워진다면 이 또한 문제가 될 수 있다. 이 단계에서 인지 전(부정) 단계로 돌아가는 사람들도 있다. 아직 자신의 습관을 정면으로 마주하고 변화시킬 준비가 되지 않았기 때문이다.

3. 결심 단계

하지만 당신이 정말로 변화를 원한다면, 이제 결심 단계로 들어갈 것이다. 그리고 계속되는 음주 습관이 초래할 장점과 단점을 비교하기 시작할 것이다. HSP들에게 음주의 장점은 '술을 마시면 기분이 좋아진다, 긴장이 풀어진다, 남들의 에너지를 흡수하는 것을 멈출 수 있다, 마음이 편안해진다' 등이 있을 수 있다. 그러나 단점은 '다음날 너무 힘들다, 더 우울해진다(그래서 기분이 나아지려면 더 많이 마셔야 한다), 술에 취하면 해롭거나 위험한 행동을 한다, 부정적인 에너지를 더 많이 느낀다' 등이 있을 수 있다. 당신은 장점이라고 하는 것들이 대개 단기적이고 일시적인 해결책임을 깨닫게 될 것이다. 그 효과들 또한 모두 당신의 감정이나 느낌과 연결되어 있다는 것도 알아차릴 수 있다.

우리가 중독 물질을 섭취하는 이유는 우리의 감정이나 행동 패턴을 바꾸고 그것을 통해 우리의 욕구를 충족시키기 위해서이다. 따라서 우리는 욕구를 충족시키는 더 건강한 방법을 찾아야 한다. 그리고 음주량을 줄여서 몸에 해가 덜 가게 할지 아니면 아예 금주하는 쪽을 택할지도 이 단계에서 결정해야 한다.

4. 행동 단계

행동 단계는 전체 사이클 중에서 가장 중요하다. 성공하기 위해서는 반드시 행동이 뒤따라야 하기 때문이다. 행동 단계의 핵심은 대응 방안이다. 긴장을 풀고 싶을 때 술에 손을 뻗는 대신 무엇을 할 수 있을까? 어쩌면 따뜻한 아로마테라피 목욕을 하거나 명상을 해볼 수 있을 것이다. 기분이 좋지 않을 때 술을 마셔서 그 기분을 풀려고 했다면, 그런 식으로 그 기분을 없애려 하기보다는 상담사나 치료사를 만나 그런 기분이 드는 원인을 찾고 해결하기로 선택할 수도 있다.

5. 유지 단계

유지 단계는 건강하고 긍정적인 대응 방법을 사용해 계속해서 변화된 삶을 살아가는 단계이다. 음주량을 줄이는 쪽을 선택한 사람이 그 상태를 계속해서 유지하거나, 금주를 선택한 사람이 그 상태를 6개월 이상 지속했다면, 과거의 행동 패턴을 변화시켰을 가능성이 높으며, 그렇다면 이 변화 사이클을 떠나도 된다.

6. 실수 단계

그러나 무언가를 바꾸려고 노력하다 보면 의지가 약해지는 순간을 맞게 마련이다. 변화를 이루어가는 과정에서 우리의 발목을 걸어 넘어뜨리는 무언가를 만날 수도 있다. 예컨대 속상한 날, 사별, 실직, 절교 같은 것 말이다. 하지만 실수 단계에서 명심할 것은 실패했다고 느끼지 않는 것이다. 실수는 일시적인 현상일 뿐이며, 어떤 자극 요인으로 인해 실수가 발생했는지 알면 다시 행동 단계로 돌아와 그 촉발된 감정을 더 새롭고 효과적인 방식으로 다룰 수 있다.

자조 모임에 참여하는 방법도 있고, 운동을 하거나 자연 속으로 산책을 나가는 방법, 친구에게 전화를 해서 도움을 요청하는 방법도 있다. 또 EFT(12장 참조), 창조적인 활동, 기도, 명상을 할 수도 있고, 춤을 추러 가거나 코미디를 볼 수도 있다. 어떤 것이건 당신의 감정 상태를 긍정적인 방향으로 바꿔줄 수 있는 것이면 된다. 이러한 새로운 방법들을 통해 다시 '유지 상태'로 돌아갔다면, 그리고 자극 요인이 무엇이고 그것을 어떻게 다루면 되는지 배웠다면, 역시 이 변화 사이클을 떠나도 된다.

7. 재발 단계

그런데 만약 이러한 실수들이 단지 대응 방법을 새롭게 바꾸면 되는 일시적 퇴행임을 알아보지 못한다면, 이는 재발 단계로 이어질 수 있다. 과거의 좋지 않은 생각과 믿음이 다시 나타나고 방만한 습관이 다시 발동한다. '이게 다 무슨 소용이야?' 또는 '알 게 뭐야?'가 재발 단계에서 흔히 드는 생각이다. 중독자들은 보통 재발 단계에서 변화의 사이클을 떠난다. 재발을 실패로 생각하기 때문에 과거의 방식으로 돌아가는 것이다.

하지만 자기 사랑과 연민, 그리고 약간의 외부 도움이 있다면 변화의 사이클을 떠나지 않을 수 있다. 그저 결심 단계로 돌아가 거기서부터 다시 변화의 사이클을 밟아가면 된다. 심한 중독자인 경우 실수와 재기는 열 번, 스무 번, 서른 번, 심지어 백 번도 반복될 수 있다. 하지만 사이클을 한 번 통과할 때마다 그들은 자신을 자극하는 요인이나 자신의 믿음, 습관, 그 아래 숨겨진 문제들, 그리고 무엇보다도 자신의 느낌을 다루는 방법 등에 대해 더 많이 알게 될 것이다.

중독 문제를 극복하도록 도와줄 지역의 센터나 국가 기관도 잘 찾아보자. 자신에게 중독 문제가 있다고 생각하는 사람이라면 꼭 이러한 기관에 연락해 도움을 받기 바란다.

9단계: 자신을 돌보기

돌봄이란 날마다 자신이 원하고 필요로 하는 것에 마음을 쓰고 주의를 기울이는 것을 말한다. 자신을 돌보려면 신체적·감정적·정신적·영적인 모든 차원에서 당신이 성장하고 발전할 수 있도록 스스로에게 따뜻하고 사랑 넘치는 관심을 주어야 한다. 예컨대 몸이 아프거나 쑤실 때 돌봄이란, 뜨거운 욕탕에 몸을 담그거나 아로마테라피 오일로 몸을 마사지하는 것, 일찍 잠자리에 들어 편안하게 자는 것 등 몸이 스스로 회복할 수 있게 하는 행동이 될 것이다. 몸의 신호를 무시하거나, 할 수 있는 것 이상으로 밀어붙이거나, 한밤중까지 집안일을 계속 한다거나 하는 것은 돌봄 행동이라고 할 수 없을 것이다.

날마다 자신에게 친절함을 베푸는 행위를 하겠다고 스스로에게 약속하라. 자신을 위해 맛있는 음식을 만드는 것, 좋아하는 음악을 듣는 것, 스스로에게 작은 선물을 하는 것, 공원에서 산책하는 것과 같은 소소한 일이라도 좋다.

10단계: 존재의 모든 차원에서 균형과 조화를 찾기

온전함에 이르고 자기를 사랑하기 위해서는 신체, 정신, 감정, 영혼이라는 존재의 네 가지 측면 모두에서 균형과 조화를 이루어야 한다. 쉽게 말해 당신을 연鳶이라고 생각해 보자. 이 연의 모든 면은 동등하며, 여기에는 사람의 신체적·정신적·감정적·영적 측면이 각각 담겨 있다. 균형을 유지해서 연이 잘 날아갈 수 있게 하려면 이 네 가지 측면에 모두 공을 들여야 한다.

균형과 조화를 이루는 데 가장 쉬운 방법 중 하나는 운동이다. 산책, 수영, 달리기, 좋아하는 운동 수업 듣기 등 무엇이 되었든 규칙적인 운동은 신체 건강에 도움이 되며 균형을 이루는 홀륭한 방법이다. 운동은 엔도르핀 등 '기분이 좋아지는' 호르몬들을 분비시키고, 그렇게 되면 정신이나 감정도 건강해진다. 요가나 태극권 같은 특정 종류의 운동은 마음 챙김, 명상처럼 영적인 측면에도 도움이 된다. 균형 감각을 향상시킬 수 있는 또 한 가지 좋은 방법은 공인된 영적 힐러나 레이키 프랙티셔너에게 세션을 받는 것이다. 치유는 존재의 모든 차원에 영향을 미치기 때문이다.

11단계: 긍정적인 확언 사용하기

긍정적인 확언positive affirmation이란 간단히 말해서 자신과 나누는 긍정적인 대화라고 할 수 있다. 긍정적인 확언의 핵심은 의식적으로 우리의 생각과 말을 바꾸기로 선택하고, 그것을 통해 우리의 느낌을 변화시키며, 궁극적으로는 우리가 경험하는 세계를 바꾸는 것이다. 긍정적인 확언은 또한 여러 해에 걸쳐 습관적으로 해온 생각의 결과 굳어버린, 자신에 대한 부정적인 믿음을 바꾸는 방법이기도 하다.

긍정적인 확언을 처음 시작할 때는 좀 엉터리같이 느껴질 수도 있다. 하지만 그것은 변화를 방해하려는 에고의 목소리일 뿐이며 시간이 감에 따라 점점 자연스럽게 느껴질 것이다. 부정적인 생각/믿음의 다양한 예와 그것을 긍정적인 확언으로 바꾸어 말하는 법은 다음에 나오는 표에서 확인할 수 있다.

12단계: 분별력 사용하기

많은 HSP들이 다른 사람을 지나치게 믿거나 아예 믿지 못하는 문제로 힘들어한다. 누군가를 지나치게 믿는 바람에, 계속해서 드는 미심쩍은 느낌을 무시하다 보면 종종 심적 고통으로 이어질 수 있다. 과거에 겪은 상처와 고통, 배신으로 인해 생각이 완전히 반대로 바뀌어 아무도 신뢰하지 못하게 되어버릴 수도 있다. 불신은 사람의 마음을 닫게 만들고, 좋은 사람들이나 경험까지도 삶에 들어오지 못하게 막아버린다.

자기 사랑의 핵심은 자신의 직관을 믿는 것이다. 누군가의 곁에 있을 때 내면에서 경고 신호나 경고음이 울리기 시작한다면 혹은 몸에서 강한 거부 반응이 온다면, 부디 몸이 하는 말을 듣기 바란다. 직관은 현명한 안내자이며, 대개는 감정이 아니라 느낌을 통해 당신에게 신호를 보낸다. 어떤 사람에 대해 무언가 느낌이 있는데 '직감'이라고밖에는 달리 설명할 이유가 없다면, 부디 그 직감을 신뢰하라. 분별력을 사용하는 것은 신뢰의 핵심이며 자기 사랑의 일부이다.

자, 이제까지 자기 사랑을 더 많이 실천하기 위한 방법을 소개해 보았다. 당신이 자기 안에서 편안함을 느끼며, 민감하고 아름다운 존재로서 자기답게 살아가는 데 이 방법들이 큰 도움이 되기를 바란다.

부정적인 생각에서 긍정적인 확언으로

부정적인 생각	긍정적인 확언
나는 모자라.	나는 나 자신에 대해 기분 좋게 느끼기로 선택한다.
난 항상 가난해.	나는 마음을 열어 경제적인 부유함을 받아들인다.
아무도 나를 사랑하지 않아.	나는 사랑받을 만한 사람이다. 내가 나를 사랑하는 방법을 배우면 배울수록 나를 사랑해 주는 사람들이 내 삶에 끌려올 것이다.
뭘 해야 할지 모르겠어.	나는 내 직관을 믿는다. 내 안의 현자에게 귀 기울여서 내리는 결정은 항상 옳다.
나는 항상 너무 힘들어.	나는 내 몸이 보내는 신호와 나만의 욕구를 듣는 법을 배우고 있다. 나는 나를 돌보기로 선택한다.

나는 사람들과 어울리지 못해. 나는 어디에도 속하지 않아.	나는 나와 공명하는 사람들을 삶에 끌어당긴다. 나는 나 자신을 있는 그대로 받아들이며, 주변 사람들과 나의 공통점은 물론 차이점까지도 기꺼이 환영하고 받아들인다.
어떻게 저 사람들이 나한테 이럴 수 있지? 절대 용서할 수 없어!	이제 나는 모든 원망과 상처, 고통을 놓아주기로 선택한다.

11장

과각성 문제를
다루는 방법

너무 많은 자극이 들어오면 HSP의 감각 신경계는 과각성 상태 또는 '어떻게 해야 할지 모르는' 상태에 빠진다. 부신과 교감 신경계가 활성화되어 자동적으로 '싸우거나 도망치거나 얼어붙는' 반응이 나타난다. 이 반응은 심장 두근거림이나 땀 흘림, 불안, 울렁거림, 나아가 공황 발작 증세를 유발할 수 있다. 과각성 상태가 지속되고 만성화되면 심각한 스트레스가 될 수 있다. HSP들은 감당할 수 없는 선에 이르기 전에 몸의 신호에 귀 기울여야 한다. 그렇지 않으면 완전히 소진될 위험이 있다. 부신에서 계속 코르티솔이 분비되어 그 수치가 높아지기 때문인데, 이로 인해 수면 장애, 불면증, 체중 변동, 불안, 우울, 무기력증이 발생할 수 있다. 과각성의 결과로 부신피로증후군이 찾아오면 만성 피로나 섬유근육통에 걸릴 확률도 높아진다.

나는 인생 대부분의 시간을 과각성 상태와 그에 따른 부신피로증후군에 시달리며 보냈다. 그렇게 된 데에는 복합적인 요인이 작용을 했는데, 이로 인해 갖가지 건강 문제가 생겼다. 나는 우리를 자극하는 요인이 무엇인지 알아차리고, 문제가 생겼을 때 단순히 순간을 모면하는 데 그칠 것이 아니라 자극 요인을 다룰 방법들을 가지고 있어야 한다는 것을 깨달았다. 초민감성 기질에 대해 배우고 그런 기질을 가진 사람들과 작업하게 되면서 나는 지나친 자극이나 과각성, 그리고 그에 따른 결과들을 훨씬 효과적으로 다룰 수 있는 방법을 많이 알게 되었다. 그런 방법을 HSP 내담자들에게 가르쳐주었는데 많은 도움이 되었다고 들었다.

과각성을 다루는 방법들

과각성을 줄이거나 예방할 수 있는 쉽고 단순한 방법부터 알아보자.

1. ACE

ACE는 '피하기Avoid, 통제하기Control, 탈출하기Escape'의 앞 글자를 딴 것으로, 내가 근무했던 교도소의 약물 부서에서 가져온 간단하지만 효과적인 방법이다. ACE는 당신을 힘들게 하거나 신경계를 과각성시킬 가능성이 큰 장소에 갈 때 혹은 그런 일을 하게 되었을 때 아주 유용하다.

ACE 모델에 따라서, 그곳에 꼭 가지 않아도 될 때에는 그냥 가는 것을 피하라.(avoid) 하지만 휴가나 파티, 콘서트, 결혼식, 회사 행사, 가족 모임처럼 빠질 수 없거나 빠지기 싫은 상황도 있을 수 있다. 그런 경우에는 지나친 자극 요인을 통제하는 전략을 써야 한다.(control) 밖에 나가 신선한 공기를 쐬거나 잠시 혼자만의 시간을 갖는 등 그 상황에서 자주 휴식을 취할 수 있는 방법을 미리 계획해 둔다. 회사 행사는 업무이니만큼 피하기가 쉽지 않고 통제하기도 어려울 수 있다. 그래서 나는 HSP에게 자주 화장실에 가라고 권한다. HSP들이 잠시 동안 혼자만의 시간을 가지며 이 장에 소개된 다른 조치를 취할 수 있는 유일한 장소가 화장실뿐인 경우가 많기 때문이다. 마지막으로 환경이나 상황을 통제할 수 없다면 필요시 그곳을 탈출하도록 한다.(escape) 파티 장소를 떠나고, 다른 직장을 알아보고, 환경을 바꿔라. 과각성을 일으키는 요인들을 참아가면서 자신을 한계까지 몰아붙이지 않아도 괜찮다. 제일 중요한 건 당신의 건강과 행복이다!

2. 태핑

EFT 또는 감정 자유 기법Emotional Freedom Technique이라고도 알려져 있는 '태핑tapping'은 과각성을 진정시키고 당신이 상황에 눌리거나 압도되지 않도록 막아주는 훌륭한 방법이다. 나는 필요할 때마다 자주 태핑을 하는데 정말 효과가 좋다. 태핑은 기본적으로 손, 얼굴, 머리, 쇄골에 있는 여러 지압점을 손가락 두 개로 톡톡 두드려서 감정을 효과적으로 처리해 흘려보내는 작업이다. 태핑에 대한 자세한 설명은 12장에 나와 있다. 과각성을 진정시키기 위해 태핑을 사용할 때에는 "비록 지금 내가 완전히 압도되어 있고 과각성되어 있기는 하지만, 나는 나 자신과 내 느낌을 있는 그대로 받아들인다"라고 말하면서 두들기면 된다.

3. 호흡에 집중하기

지나치게 자극을 받았을 때 호흡에 어떤 변화가 일어나는지 알아차리는 습관을 들이는 것도 유용하다. 숨이 아주 얕아지거나 자기도 모르는 사이에 숨을 멈추고 있었다는 걸 알게 될 것이다. 숨을 참고 있었다면 참고 있던 숨을 내쉬는 데 집중한다. 숨이 얕아지고 있다면 배로 깊이 숨을 들이쉬고 내쉬는 데 집중한다.(만약 과호흡을 일으키는 타입이라면, 종이 봉지를 입에 대고 평상시 호흡으로 돌아올 때까지 그 안에다 숨을 내쉬고 들이쉰다.) 우리는 호흡 집중의 효과를 과소평가하기 쉽지만, 이 방법은 과각성을 진정시키는 가장 효과적인 방법 중 하나로 혈중 산소 농도를 증가시켜 준다.

4. 자연에서 시간 보내기

자연은 세상에서 가장 뛰어난 항우울제, 항불안제이다. 자연에서 시간을 보내는 것은 HSP의 과각성을 줄여주는 최고의 방법 중 하나이기도 하다. 공원을 산책하는 것이든, 숲속이나 바닷가에서 시간을 보내는 것이든, 언덕을 오르는 것이든, 자연은 스트레스 수치를 낮추고 전반적인 건강 상태를 향상시키는 데 도움을 준다.

5. 맨땅 밟기(그라운딩)

우리 몸 안에는 전기가 흐르는 전기 시스템이 장착되어 있다. 전기가 가장 강하게 흐르는 곳은 심장과 뇌이다. 모든 전기 시스템은 '접지接地'가 되어야 한다. 안타깝게도 우리는 대부분의 시간을 신발을 신은 채 보내기 때문에 우리는 '어머니 지구'와의 연결이 끊어진 상태로 살고 있다. 단 10분이라도 맨발로 풀밭이나 흙, 모래 위를 걸으면 몸과 땅 사이로 전자電子가 흐르고 몸이 필요로 하는 음이온이 공급된다. 이런 식으로 그라운딩grounding 또는 맨땅 밟기earthing를 하면 휴대전화나 와이파이, 컴퓨터로부터 들어온 전자기장이 방출된다. 노벨상 수상자인 리처드 파인만Richard Feynman은 전자기 강의를 하면서 이 현상을 '우산 효과umbrella effect'라고 이름 붙였다. 간단히 말해 이는 우리 주변을 둘러싸고 있는 전자기장electromagnetic fields(EMFs)을 우산의 덮개로, 우리 몸을 우산의 막대 부분으로, 그리고 발(전자기장을 땅으로 방출하는 부분)을 우산의 손잡이로 보는 것이다.

맨땅 밟기의 임상적 효과를 시험하는 연구자들에 의하면 맨발 걷기를 한 사람들의 건강이 눈에 띄게 호전되었다고 한다. 몸은 스스로 균형을 되찾기 위해 자유 전자free electron를 사용하기 때문에 맨발 걷기가 HSP의 감각 신경계를 과각성 상태에서 회복시키는 데 도움이 된다는 것이다.(여기에서 자유 전자란 짝을 짓지 않고 홀수 상태로 있는 전자, 즉 활성 산소 또는 유리기(+)를 말한다. 홀수 상태의 전자는 불안정하기 때문에, 어디선가 전자를 찾아 안정을 취하려고 한다. 스트레스를 받으면 우리 몸에 유리기가 지나치게 많이 생겨서 DNA나 정상 세포로부터 전자를 빼앗는데, 그러면 DNA나 세포에 상처가 나서 건강에 해를 입힌다. 맨땅 밟기를 하면 땅으로부터 음전자(-)가 들어와서 유리기(+)와 결합을 하는데, 그 과정에서 활성 산소가 사라지게 된다.—옮긴이) 움직임이 자유롭지 못하거나 도시에 살아서 자연으로 쉽게 나갈 수 없다면 인터넷을 통해 어싱earthing 매트를 구입하는 방법도 있다.

그라운딩은 태양 폭발(태양 대기의 전자기가 급격하게 변화해서 일어나는 현상으로, 이때 발생하는 강한 태양풍이 지구 대기의 상층이나 지구 자기에 영향을 미치기도 한다—옮긴이)과 지자기 폭풍(지구 자기장이 일시적으로 불규칙하게 변하는 현상—옮긴이)이 증가할 때에도 필수이다. HSP들은 태양 폭발과 지자기 폭풍의 영향에 특히 민감하기 때문이다. 이러한 기상 현상이 수 시간 또는 수일 동안 지속될 경우 과각성을 일으키기도 한다. 최근 들어 태양 활동이 점점 증가하고 있는 것으로 나타나고 있는데, 많은 HSP들이 신체적·정서적 증상이 늘어나는 것을 느끼면서도 왜 그런지는 모르고 있다.

6. 명상

과각성을 방지하기 위한 명상에는 유도 시각화부터 조용히 앉아 촛불을 바라보는 것에 이르기까지 다양한 종류가 있다. 개인의 선호에 따라 어떤 명상을 할지 선택하면 된다. 18장에 나와 있는 것과 같은 유도 시각화(250쪽 참조)는 생각의 속도를 늦추기 어려워하는 HSP들에게 특히 도움이 될 것이다.

명상에 대해 더 알고 싶다면 관련 서적을 찾아보거나 인터넷에서 명상 안내를 찾아보기 바란다. 명상 어플리케이션을 다운받아 보거나 아니면 살고 있는 지역의 명망 있는 명상 강사를 찾아서 자신이 어떤 명상 방법에 가장 끌리고 그것을 하루 일과에 어떤 식으로 포함시키면 제일 좋을지 알아볼 수도 있을 것이다.

어떤 명상 방법을 선택하든지 꾸준히 하다 보면 설령 처음에는 단 5분, 10분밖에 못하더라도 점점 생각이 고요해지고 과각성도 줄어들 것이다.

7. 소리 치유

음악과 소리sound는 수천 년 동안 많은 문화에서 치유와 스트레스 해소를 위한 도구로 사용해 왔다. '사랑'이나 '평화' '기쁨'과 같은 긍정적인 단어를 읊거나 잔잔한 음악을 듣는 행위는 뇌파를 베타파(보통의 의식 상태)에서 알파파나 세타파(이완 혹은 명상 상태)로 변화시킬 수 있다. 이러한 뇌파의 변화는 감각 신경계를 안정시키고 과각성을 낮추는 데 도움이 된다. 당신이 좋아하는 방법으로 소리에 흠뻑 젖어들어 보자.

영적인 면에 관심이 많은 사람이라면 미국의 신학자 라인홀드 니버Reinhold Niebuhr가 쓴 〈평온을 위한 기도〉와 같은 기도문—"신이시여, 바꿀 수 없는 것을 받아들일 수 있는 평온함과, 바꿀 수 있는 것을 바꾸는 용기와, 그 둘을 구별하는 지혜를 주소서"—을 암송하는 방법도 생각해 볼 수 있다. 소리 치유는 지하철에서든 야외에서든 또는 집에 조용히 앉아서든 어디에서나 할 수 있기 때문에 바쁜 현대 사회에서 특히 유용한 방법이다.

8. 회복 시간

마지막으로 계획표나 일기장에 '회복 시간' 일정을 만들어 넣자. 연이은 회의나 여행, 활동 등은 HSP에게 과각성 상태를 유발하므로 활동의 수를 줄이고 일정에 휴식 시간을 넣는다. 1장에 썼듯이 나는 여행하는 동안 휴식 계획이 꼭 필요하다는 사실을 알게 되었다.

지금까지 알아본 모든 방법들이 과각성을 다루는 데 있어 매우 추천할 만하고 효과적이기는 하지만 이것은 시작에 불과하다. 여러분 자신의 몸과 선호도를 지표로 사용하기 바란다. 기본적으로 당신이 좋아하는 활동이 있을 것이다. 요가, 노래, 춤, 기도, 침술, 마사지, 예술 창작 활동, 애완 동물과 시간 보내기, 또는 그냥 욕조에 편안히 몸을 담그는 것 등 무엇이라도 그것이 당신의 과각성을 줄여주고 생리적 반응에 변화를 가져온다면 필요할 때마다 혹은 할 수 있을 때마다 하라.

기타

지금까지 살펴본 다양한 대응 방법 외에 추가로 사용할 수 있는 약물 및 보조제를 아래에 소개한다. 내가 아는 바로는 초민감성을 다루는 데 아주 효과가 좋은 방법들이다.

(주의: 처방 약물을 복용중인 사람이라면 아래의 약물이나 보조제를 사용하기 전에 반드시 전문가와 상의하기 바란다.)

- HSP는 밀, 글루텐, 유제품, 설탕, 카페인에 특히 민감할 수 있다. 따라서 이러한 성분이 들어 있는 음식은 안 그래도 민감한 당신의 감각 신경계에 좋지 않은 영향을 줄 수 있다. 당신에게 이런 성분에 대한 과민증이 있다고 생각되면 의사나 영양 전문가와 상담해서 식단을 조정하라. 신체적으로뿐만 아니라 정신적·감정적으로도 훨씬 좋아지는 것을 느낄 것이다.

- 품질 좋은 비타민 B 복합체와 마그네슘 영양제를 복용하라. 비타민 B 복합체와 마그네슘은 둘 다 특히 신경계에 좋고, 스트레스 감소와 신체 이완에 도움이 되며, 따라서 과각성도 줄여준다. 마그네슘은 알약 형태로 복용하는 것보다 피부를 통해 흡수할 때 흡수율이 더 높다.(마그네슘이 흡수되기 전 대부분 위장에서 위산에 의해 파괴되기 때문이다.) 따라서 피부에 마그네슘 오일을 바르거나 뿌려주는 것이 일일 권장량을 맞출 수 있는 가장 좋은 방법이다. 일주일에 몇 번 정도 욕조 물에 엡솜염(황산마그네슘—옮긴이)이나 히말라야 핑크

소금, 마그네슘 조각을 넣고 몸을 담그는 방법도 있다.

- 항산화제인 코엔자임 CQ10 역시 미토콘드리아와 세포 에너지 재생에 도움이 되는 훌륭한 보조제이다. 스펀지처럼 타인의 감정을 빨아들이느라 생기는 피로와 탈진 때문에 고생하는 HSP들에게 좋다.

- 여성 HSP들은 생리가 다가올 때, 특히 갱년기에 프로게스테론 수치가 현저히 떨어지고 에스트로겐 비율이 확 높아지는데, 이때 호르몬 불균형 문제로 고생하기도 한다. 호르몬 불균형은 체중 증가, 감정의 요동, 열감熱感, 우울증, 불안, 심장 두근거림, 수면 장애, 불면증, 유방 압통 등을 야기할 수 있다. 이 모든 신체 증상들이 HSP의 신경계에 과잉 자극을 유발할 수 있다. 천연 프로게스테론 크림을 바르면 호르몬 불균형을 바로잡는 데 도움이 된다.(다시 한 번 말하지만 호르몬 대체 요법을 고려하고 있거나 호르몬 복용을 중단하고 싶다면 더더욱 전문 의료인과 먼저 상의하기 바란다.)

- 바흐 플라워 에센스Bach flower essence는 다양한 식물의 꽃에서 추출하여 조제한 약물로, 기저의 감정 상태에 영향을 주는 특유의 방식으로 건강과 웰빙을 증진시킨다. 종류가 여러 가지이므로 자신에게 알맞은 에센스를 찾으려면 바흐 플라워 에센스 전문가에게 조언을 구하는 것이 가장 좋다.

나에게는 나는 물론 내담자들에게도 효과가 좋았던 에센스 몇 가지를 소개한다.

레스큐 레머디Rescue Remedy: 압도되어 어쩔 줄 모르는 상태에 있을 때

올리브Olive: 피곤하고 지쳤을 때

오크Oak: 평소에는 멘탈이 강하지만 질병이나 고난으로 힘들어하는 사람에게

머스터드Mustard: 기분이 다운되고 우울할 때

미뮬러스Mimulus: (알고 있는 일로) 두려울 때

애스펜Aspen: 알 수 없는 이유로 두렵고 불안할 때

애그리모니Agrimony: 곤란함을 숨기거나 용감한 척하는 사람에게

월넛Walnut: 과도기에 변화를 위한 도움이 필요할 때, 외부의 영향으로부터 보호가 필요할 때

화이트 체스트넛White Chestnut: 원치 않는 생각이 끈질기게 올라올 때, 걱정에 사로잡히거나 머릿속에서 생각이 끊이지 않을 때

라치Larch: 자신감이 없을 때

고스Gorse: 절망적이고 비관적인 기분이 들 때

엘름Elm: 압도당할 때, 소명을 따라 사는 일이 너무 힘들어
서 우울해질 때

- 당신의 생활 방식이나 직업이 만성적으로 과잉 자극을 일
으킨다면, 삶의 방식이나 하는 일에 대해 다시 생각해 봐
야 한다. 삶이나 직업을 돌아보는 방법 중 하나는 초민감성
기질에 대해 알고 있거나 본인 역시 HSP인 전문가로부터
도움이나 멘토링을 받는 것이다. 직장에 직속 상관이나 인
사 파트가 있다면 그들에게 당신의 초민감성 기질에 대해
알리는 것도 좋은 방법이다.
- HSP 커뮤니티(동호회)나 자조 모임에 가입한다. 과각성 문제
를 이해하고 공감해 주는 다른 HSP들과 함께 있으면, 나
눔과 피드백을 통해 자극을 덜 받을 수 있는 방법을 배우
고 통찰을 얻을 수 있을 뿐만 아니라 자신의 과각성 반응
을 탐색해 볼 안전한 공간도 제공받을 수 있다.
- 알코올이나 약물은 둘 다 감각 신경계와 '에너지체'에 해로
운 영향을 줄 수 있으므로 피하도록 한다.(13장 참조)

마지막으로 나의 HSP 내담자들이 과각성 문제를 다룰 때 주
로 사용한다고 알려준 방법들을 옮겨본다. 이들의 방법이 여러

분에게도 도움이 되기를 바란다.

"조용한 공간을 찾든지 해변을 따라 걸어요.(날씨가 어떻든 간에 요.) 모든 것에 신경을 끄거나 울어요."

"명상, 목욕, 음악 듣기, 춤추기, 친구에게 도움 청하기 등 할 수 있는 만큼 최선을 다해 저를 보살피려고 하는 편이에요."

"어렸을 때는 우는 게 도움이 됐어요. 나이가 든 지금은 명상 이나 내면의 목소리를 이용해 눈을 감고 제 안의 중심으로 들 어가요. 불편함을 완화하기 위해서 보통 크리스탈을 사용하고 요. 또 할 수 있을 때에는 자연으로 나가요. 자연 속에 있으면 모든 문제가 녹아내리죠."

"지금 이 순간으로 돌아오는 것, 긴장을 풀고 이완하는 것이 도움이 돼요. 호흡에 집중하기도 하고요. 친구들에게 이야기 하는 것도 큰 도움이 돼요."

12장

EFT로 감정에서
자유로워지기

이 장에서는 감정 자유 기법Emotional Freedom Technique(이하 EFT) 또는 태핑tapping이라고 불리는 자기 돌봄 기법을 소개한다. EFT 는 한의학의 지압법과 현대 심리학을 접목한 것으로, 이 기법 을 사용하여 막히거나 정체되어 있는 감정을 흘려보낼 수 있다. EFT는 HSP들이 감정을 처리하는 데 쓸 수 있는 가장 효과적이 고 강력한 심신心身 기법이다. 임상 실험에서도 그 효험이 증명되 었으며, 외상후 스트레스 증후군PTSD이나 불안, 공포증 등을 지 닌 사람에게도 효과가 큰 것으로 밝혀졌다. 나는 수년 동안 HSP 내담자들에게 이 방법을 가르쳐주었는데, 깊고 강렬한 감정을 느끼고 소화하는 데 매우 큰 도움이 되었다고 한다. EFT는 또한 자신에 대한 부정적인 생각과 믿음을 바꾸거나 일상 속의 스트레스를 관리하는 데에도 탁월한 도구이다.

EFT는 한의학에서 지압점 혹은 경혈經穴이라고 부르는 몸의 에너지 지점들을 손가락으로 톡톡 두드려 막힌 에너지를 풀고 원래의 건강 상태를 회복하게 해준다. 몸이 지닌 고유의 자연 치유력을 사용하는 것이다. EFT는 감정을 해소하는 데에도, '싸우거나 도망치거나 얼어붙는' 몸의 자율신경계 반응을 멈추게 하는 데에도 사용할 수 있다. 또 부정적인 생각 패턴, 자신을 한계 짓는 믿음, 과거의 기억, 그밖에 우리가 겪고 있는 온갖 어려운 문제들로부터 벗어나는 데에도 도움이 된다.

태핑 지점

톡톡 두드리는 지점tapping point은 손과 얼굴, 쇄골, 겨드랑이에 있다. 자신에게 편한 쪽 손을 사용해 두드리면 된다.(보통 오른손잡이인 사람들은 오른손으로 태핑 지점을 두드린다.) 각각의 태핑 지점은 신체의 장기나 기관(우리 몸에는 소화 기관, 순환 기관, 호흡 기관 등 총 11개의 기관이 있다—옮긴이)과 연결되어 있다. HSP들은 감정을 경험하고 소화하는 깊이가 깊으므로 이 연관성을 알아두면 특히 도움이 될 것이다. 두드리는 지점은 다음과 같다.

1. 손날 지점

동양 의학에 따르면 손날은 소장과 연결되어 있고, 소장은 감정적으로 막혀 있는 듯한 느낌, 놓아주기를 어려워함, 슬픔, 연약함, 걱정, 집착, 강박과 관련이 있다.

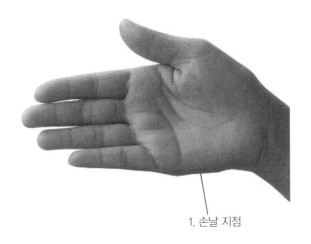

1. 손날 지점

2. 눈썹 안쪽 지점

양쪽 눈썹의 안쪽 끝부분으로 코 뿌리에서 가깝다. 이 부분은 방광 경락과 연결되어 있으며, 감정적으로는 트라우마, 상처, 슬픔과 관련된다. 좌절감(답답함), 초조함이나 성급함, 안절부절못함과 관련이 있을 때도 있다.

3. 눈썹 바깥쪽 지점

양쪽 눈썹의 바깥쪽 끝부분으로, 눈과 관자놀이 사이에 위치한다. 이 부분은 쓸개와 연결되어 있으며, 감정적으로는 원망, 화, 변화에 대한 두려움과 관련이 있다.

4. 눈 아래 지점

양쪽 눈의 바로 아래 지점으로, 눈 아래쪽의 눈구멍 뼈를 두드리면 된다. 이 부분은 위장과 연결되어 있으며, 감정적으로는 두려움, 불안, 메스꺼움, 허무함, 실망감과 관련이 있다.

5. 인중 지점

인중은 코와 윗입술 사이의 중간 지점이다. 인중은 독맥督脈으로 알려져 있으며, 몸에서 양陽 에너지 경락을 담당하고(음과 양은 각각 몸속을 흐르는 여성 에너지와 남성 에너지에 해당한다), 수치심, 무력감, 놀림당할지 모른다는 두려움, 실패에 대한 두려움과 관련 있다.

6. 턱 지점

턱 지점은 아랫입술과 턱 사이의 중간 지점이다. 턱 지점은 임맥任脈으로 알려져 있는 곳으로, 몸의 음陰 에너지 경락을 담당하며, 혼란스러움, 불확실함과 관련되어 있다.

9. 정수리 지점

2. 눈썹 안쪽 지점

3. 눈썹 바깥쪽 지점

4. 눈 아래 지점

5. 인중 지점

6. 턱 지점

7. 쇄골 지점

8. 겨드랑이 지점

7. 쇄골 지점

쇄골 지점은 쇄골의 단단하게 올라온 부분 바로 아래, 자연스럽게 살짝 들어간 곳이다.(이 지점을 양손으로 두드려도 된다.) 이 지점은 신장과 연결되어 있으며, 두려움, 불안, 우유부단함(결정 장애), 걱정, 스트레스, 갇혀서 꼼짝 못하는 듯한 기분과 관련이 있다.

8. 겨드랑이 지점

겨드랑이 지점은 양쪽 겨드랑이로부터 약 10센티미터 정도 아래에 있는 지점이다. 이 지점은 비장과 연결되어 있으며, 걱정, 과도한 생각, 불안, 낮은 자존감과 관련이 있다.

9. 정수리 지점

머리의 제일 꼭대기 부분에 있는 정수리 지점은 인중과 마찬가지로 독맥과 연결되어 있으며, 영적으로 다시 연결된 느낌, 그리고 EFT를 해서 균형 잡히고 정렬된 기분 속에 머무는 것과 관련이 있다.

태핑하는 법

태핑하는 가장 효과적인 방법은 두드리는 동안 자신이 느끼거나 생각하는 바를 진실하게 큰소리로 말하는 것이다. 솔직하면 할수록 좋다.

두드릴 때에는 손가락 두 개(검지와 중지)로 확실하게, 그러면서도 부드럽게 두드린다. 손톱이 아니라 손끝으로 각 지점을 5~7회 정도 두드린다. 그 순간 떠오르는 생각이나 느낌을 소리 내 말하면서, 눈썹 안쪽 지점에서 시작해 차례로 아래쪽으로 내려가며 두드린다. 정수리 지점으로 돌아와서 마무리하면 한 번의 주기가 끝난다. 두드리는 횟수는 세지 않아도 된다.

다음은 HSP가 자주 직면하는 주된 어려움을 바탕으로 만든 간단한 태핑 순서이다. 첫 번째는 압도되거나 스트레스를 받거나 불안할 때, 두 번째는 그곳에 속하지 않고 이방인 같은 기분이 들 때 사용하면 좋다. 모든 태핑은 항상 집중하고 싶은 문제나 감정을 알아차리는 것에서부터 시작한다.

압도되거나, 스트레스를 받거나, 불안할 때

1. 그런 느낌을 불러일으키는 문제나 상황을 떠올린다. 그것에 대해 지금 어떤 느낌이 드는가? 문제나 느낌의 강도를 0부터 10까지의 숫자를 사용해 점수를 매겨본다.(0에 가까울수록 강도가 낮은 것이다.) 예를 들면 지금 이 순간에 압도당하거나 스트레스를 받거나 불안한 정도가 8이나 9일 수 있다.

2. 소리 내서 말할 문구를 만든다. 문구 안에 다루고자 하는 문제가 들어가야 한다. 예를 들어 "나는 지금 다가오는 마감일에 대한 스트레스로 몸이 아프다"라고 할 수 있다. 문구를 정하고 나면 이제 그 문구를 자신에 대한 긍정적인 확언을 담은 문구로 바꾼다. 예컨대 "비록 지금 어떻게 해야 할지 몰라 스트레스를 받고 있지만, 나는 나 자신과 내 느낌을 있는 그대로 받아들인다"라고 할 수 있다. 이렇게 만든 문구를 큰소리로 여러 번 반복해서 읽는다. 그렇게

하면서 두 손가락으로 반대편 손날 지점을 두드린다. 그런 다음 심호흡을 한다.

3. 그 다음에는 2번부터 9번까지의 지점을 순서대로 두드리기 시작한다. 각 지점을 두드릴 때마다 주된 문제를 간단히 다시 언급한다. 예를 들어 눈썹 안쪽 지점을 두드리면서 "어떻게 해야 할지 모르겠어"라고 문제를 간단히 언급할 수도 있고, 눈썹 바깥쪽 지점을 두드리면서 그냥 "어떻게 해야 할지"까지만 언급할 수도 있다.(각 지점을 두드릴 때마다 앞서 만든 문구를 전체 다 소리 내 말하지 않고 문제되는 부분만 간단히 언급해도 된다는 뜻이다.—옮긴이) 이와 똑같은 방식으로 눈 아래부터 인중 등을 지나 정수리에 도달할 때까지 한다. 그런 다음 심호흡을 한다. 이제 처음 시작한 곳으로 돌아왔고, 순서대로 한 번의 사이클이 끝났다.

4. 이제는 처음의 문제에 다시 초점을 맞춰보자. 몇 분 전에 비해서 지금은 느낌의 강도가 어떻게 달라졌는가? 처음에 했던 0부터 10까지의 숫자로 점수를 매겨본다. 느낌의 강도가 아직도 2나 3보다 높다면 EFT를 한 번 더 한다. 그 느낌이 완전히 사라지거나 현저히 줄어들 때까지 태핑을 반복한다. 문제 해결에 쏟는 노력이나 앞으로의 발전에 대한 소망을 반영하여 문구를 바꿔도 좋다. 예를 들어 "비록

아직 어쩌해야 할지 모르겠다는 기분이 조금 남아 있기는 하지만, 나는 나 자신과 내 느낌을 있는 그대로 받아들인다'라고 문구를 바꿀 수 있다.

5. 두드리는 동안 기저에 깔려 있던 다른 감정이나 생각이 올라올 수도 있다. 이를테면 불안함, 두려움, 답답함 등이 느껴질 수 있다. 그런 경우에는 새로 올라온 감정이나 느낌('불안한 느낌이 들어' '이 공포스런 기분' 또는 '너무 많은 것이 올라와' 등등)을 가지고 별도의 EFT 사이클을 시작해서 그 강도가 줄어들 때까지 반복하는 것도 좋은 방법이다.

6. 지금까지는 지금 당장 느껴지는 불편한 감정과 기분을 떨쳐버리는 데 집중했다. 이제 다시 태핑을 시작하는데, 이번에는 그 자리에 긍정적인 감정이 들어서게 하는 작업이다. 아래의 예시 문구들을 참고해도 좋다.

"나의 시간과 에너지를 요구할 때 '싫다'고 말해도 괜찮아."
"나 자신과 나의 욕구를 먼저 돌봐야 해. 그래야 더 이상 쩔쩔매지 않게 돼"
"두려움fear이란 그저 '진짜처럼 보이는 가짜 증거False Evidence Appearing Real'에 불과해."
"나는 단지 심호흡 몇 번 할 정도의 여유만 있으면 돼."

"나 자신을 신뢰할수록 걱정도 줄어들어."

"나는 나를 있는 그대로 사랑하기 시작하고 있어."

"나는 나 자신을 더욱 소중하게 여기기 시작하고 있어."

"나는 민감함을 선물로 바라보기 시작하고 있어."

"나는 점점 더 편안하고 행복한 사람이 되어가고 있어."

자신에게 진실하다고 느껴지는 문구라면 어떤 것도 좋다. 진동 에너지가 바뀌었다는 느낌이 올 때까지 그런 문구들을 필요한 만큼 반복하면서 두드린다. 그게 전부이다. EFT는 이렇게 단순하지만 효과는 매우 뛰어나다.

사람들과 어울리지 못한다거나 이방인 같은 기분이 들 때

1. 문제나 상황을 떠올린다. 지금 그것에 대한 느낌이 어떤가? 0에서 10까지의 숫자를 사용해 문제나 감정의 강도에 점수를 매겨본다.

2. 현재 느낌을 담아낼 문구를 만든다. 예를 들어 "나는 우리 가족의 일원이 아닌 것 같아"라고 할 수 있다. 그런 다음 이 문구를 자신에 대한 긍정적인 확언으로 바꾸고, 손날 지점을 두드리면서 바꾼 문구를 세 번 반복해서 말한다. 예를 들면 "비록 내가 우리 가족의 일원이 아닌 것 같

은 기분이 들기는 하지만, 나는 나 자신과 내 감정을 있는 그대로 받아들인다"라거나 "사람들과 어울리지 못한다고 생각하면 공황에 빠지기는 하지만, 나는 나 자신과 내 감정을 있는 그대로 받아들인다"라고 해볼 수 있다.

3. 눈썹 안쪽을 두드리기 시작하면서 만들어놓은 문구의 축약 버전("일원이 아닌 것 같아")을 읊는다. 그 다음 눈썹 바깥쪽 지점, 눈 아래 지점 등을 거쳐 정수리 지점에서 한 사이클을 마무리할 때까지 같은 문구를 반복해서 말한다. 심호흡을 한 번 하고, "어울리지 못하는"처럼 또 다른 문구의 축약 버전을 가지고 다시 한 번 한 사이클을 돈다.

4. 두드리는 동안 "학교에서 팀을 짤 때 뽑히지 못했어"와 같이 떠오르는 기억이나 이미지가 있는지 잘 살핀다. 있다면 그러한 기억이나 이미지를 가지고 다시 한 번 한 사이클을 돈다.

5. "이 슬픔은 내 가슴에 있구나" "이 조이는 듯한 느낌은 뱃속에 있구나" "이 분노는 목에 있구나"와 같이 몸 안에서 어떤 감각이나 감정이 느껴지는지 살펴보고, 그 각각에 대해 한 차례 더 EFT를 한다.

6. 강도가 줄어들 때까지 모든 부정적인 생각, 느낌, 믿음에 대해 전부 EFT를 한다.

7. 그 다음 아래와 같이 긍정적인 느낌과 생각을 말하면서 EFT를 계속한다.

"이렇게 느끼는 사람이 나 혼자만은 아니야. 많은 HSP들이 그래."

"소속감은 내 안에서부터 시작하는 거야."

"생물학적 가족이라고 해서 꼭 영적으로 잘 어울리는 것은 아니야."

"나는 있는 그대로의 나를 사랑하기 시작하고 있어."

"나는 나 자신을 더욱 소중하게 여기기 시작하고 있어."

"나는 민감함을 선물로 바라보기 시작하고 있어."

"나는 점점 더 편안하고 행복한 사람이 되어가고 있어."

HSP 내담자들에게 EFT를 가르쳐보면 처음에는 부정적인 감정을 인정하는 데 다소 저항을 느끼는 경우가 많다. 영적인 신념을 가진 경우에는 더욱 그렇다. 하지만 자기 안에 이미 가지고 있는 것에서 시작하지 않으면 안 된다. 부정하고 피하고 억누르면 더 막히기만 할 뿐이다.

EFT를 한동안 연습해서, 긍정적인 확언을 하기 전에 먼저 자신의 솔직한 느낌을 해소하고 정화하는 일이 얼마나 중요한지 이해하고 나면, EFT는 HSP들이 자주 찾는 기법이 된다. EFT는 초민감성 기질로 인해 생기는 어려움을 완화해 줄 뿐 아니라 그 기질이 주는 선물과 혜택을 긍정적으로 느끼고 믿고 생각하도록 하는 데에도 효과가 뛰어나다.

13장

에너지 보호의
중요성

우리는 누구나 자신에게 중요한 것을 보호하려고 한다. 그래서 집이나 차, 수입, 건강 등에 대해 보험을 든다. 환경의 영향으로부터 몸을 보호하기 위해 비옷을 입거나 선크림을 바르기도 한다. 그러나 자신의 에너지를 보호해야 한다는 생각을 하는 사람은 거의 없다. 양자 물리학은 우리가 에너지로 이루어진 존재임을 증명했고, 키를리안 사진술Kirlian photography(금속판 위에 필름을 깔아놓고 그 위에 피사체를 둔 다음, 금속판에 고압 전류를 흘려보내 그 피사체를 둘러싼 전자기장의 이미지를 필름에 기록하는 사진술—옮긴이)은 우리 몸을 둘러싼 에너지장이 실제로 존재함을 입증했다. 우리는 다른 사람들과 교류할 때, 긍정적이든 부정적이든 에너지 차원에서도 교류가 일어나고 있다는 사실을 종종 간과한다. 이런 이유로 자신의 에너지를 보호하는 것은 누구에게나 도움이 되지만, 초민감인인 HSP들에게는 더욱 중요하다.

자신의 에너지를 보호하는 방법을 배우는 것은 HSP에게 가장 중요한 일상 수련 중 하나가 될 수 있다. HSP는 보통 사람에 비해 자극도 많이 받고 신경도 훨씬 예민하기 때문에 스스로 의식을 하든 하지 않든 끊임없이 미세한 신호들을 내보내고 또 받아들인다. 4장에서 살펴보았듯이 HSP들은 또한 직관과 감정이입 능력이 매우 뛰어나 다른 사람들의 기분이나 감정에 쉽게 영향을 받고 그것을 스펀지처럼 흡수해 버린다. 대체 왜 그리고 어떻게 이런 일이 일어나는 것일까?

에너지장과 차크라

모든 사람에게는 신체를 둘러싸고 보호하는 에너지장이 있다. 이 에너지장을 오라aura라고 하는데, 오라에는 감정 층, 정신mental 층, 영spiritual 층 등 여러 층이 있다. HSP들은 언제나 자신의 오라장을 통해 에너지 진동을 감지하고 받아들인다. 대부분의 사람들은 누군가가 자기한테 너무 가까이 다가오거나 사적인 영역을 침범해 들어올 때에만 자신의 오라를 알아차린다. 타인이 에너지적으로 자신의 영역을 침범했기 때문에 알아차릴 수 있는 것이다. 이에 반해 HSP들은 타고난 민감성 덕분에 미묘한 신호들을 잘 감지할 수 있고, 따라서 오라를 훨씬 빨리 알아채는 경향이 있다.

모든 사람에게는 차크라chakra라는 일곱 개의 주요한 에너지 센터가 있다. 차크라는 척추와 머리를 따라 신체에서 가장 가까운 오라 층에 자리 잡고 있다. 차크라는 미묘한 에너지의 소용

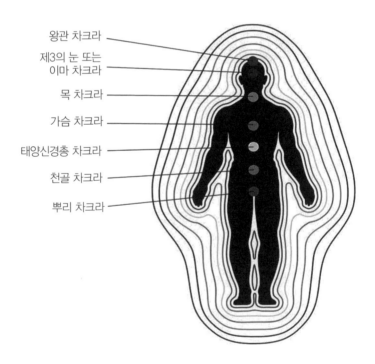

왕관 차크라
제3의 눈 또는
이마 차크라
목 차크라
가슴 차크라
태양신경총 차크라
천골 차크라
뿌리 차크라

돌이 또는 바퀴라고 할 수 있는데, 각각 고유한 색깔과 주파수를 가지고 있으며, 우리 삶의 여정에서 만나는 특정 문제들과 관련되어 있다. 오라와 차크라 시스템은 동양에서는 잘 알려져 있지만 서양에서는 상대적으로 최근에 와서야 알려지기 시작했다. 차크라 시스템이 처음 언급된 것은 기원전 1500년에서 500년 사이에 만들어진 고대 인도의 베다Veda(고대 인도의 종교 및 사상이 담긴 힌두교의 경전—옮긴이)에서이다.

척추의 가장 아랫부분에서부터 위쪽으로 올라가면서 일곱 개의 차크라를 살펴보면 다음과 같다.

뿌리 차크라

색깔은 빨간색이고, 척추의 가장 아랫부분에 있다. 뿌리 차크라는 땅에 가장 가까운 차크라이며, 주요한 역할은 우리가 육체적인 몸 안에 잘 자리 잡도록 하는 것이다. 뿌리 차크라는 안전security과 돈, 생존과 관련되어 있다.

천골 차크라

배꼽 바로 아래에 있고, 색깔은 주황색이다. 창조성, 성性, 의지력, 기쁨과 관련되어 있다.

태양신경총 차크라

복부에 있으며, 색깔은 노란색이다. 감정, 느낌, 주체성self-empowerment, 자신감과 관련되어 있다.

가슴 차크라

색깔은 초록색 또는 핑크색이고, 사랑과 연민의 중심이다. 가슴 차크라는 또한 상위 자아로 가는 입구이기도 하다.

목 차크라

색깔은 파란색이고, 자기 표현, 의사소통, 신뢰와 관련되어 있다.

제3의 눈 또는 이마 차크라

색깔은 남색이고, 이마의 중심에 있다. 초자연적·직관적 감각을 관장하는 센터이다.

왕관 차크라

머리 꼭대기에 위치해 있으며, 색깔은 보통 하얀색이나 보라색이다. 더 높은 힘이나 우주와의 연결과 관련되어 있다.

우리가 신체적·감정적·정신적·영적으로 균형과 조화의 상태에 있으면 우리의 오라와 차크라도 균형과 조화의 상태에 있을 것이다. 마찬가지로 에너지가 막혀 있거나 균형이 깨져 있으면 오라와 차크라에도 영향을 미친다. 차크라가 너무 천천히 돌면 우울하고 무기력하고 게을러진다. 차크라가 너무 빨리 돌면 불안하고 공황 상태가 되거나 정신을 못 차릴 수 있다.

어떤 상황들로 인해 오라가 약해지거나 구멍이 나기도 하는데, 이런 오라 상태가 차크라에도 영향을 미칠 수 있다. 예를 들면 약물 중독이나 알코올 중독과 같은 물질 중독인 경우, 사고나 트라우마, 사별, 이혼과 같은 힘든 일을 겪는 경우에 그런 일이 발생할 수 있다.

우리가 육체를 돌보는 것과 마찬가지로 에너지 몸도 돌봄이 필요하다. 막힌 에너지를 뚫거나 에너지 찌꺼기를 내보내기 위해서, 에너지적인 트라우마나 손상을 치유하기 위해서 오라와 차크라를 정기적으로 정화할 것을 강력히 권한다. 오라와 차크라를 정화하는 방법에 대해서는 다음 내용을 참고하기 바란다.

에너지 보호 기법

나는 모든 HSP들에게 가능하다면 에너지 정화와 보호 기법을 매일 실천하라고 조언한다. 압도된 상태를 관리하는 데 굉장히 큰 도움이 되기 때문이다. 나는 HSP 내담자들에게 아침에 옷 입을 때 에너지 정화와 보호를 하라고 권한다. 아무도 옷 입는 걸 잊어버리는 사람은 없을 테니 말이다!

나는 살아가면서, 특히 교도소에서 일하면서 HSP인 나 자신을 에너지적으로 보호하지 않았을 때 어떤 결과를 초래할 수 있는지 비싼 대가를 치르고서야 배웠다. 지금은 나 자신을 매일 보호하는 것이 제2의 천성이 되었고, 더 이상 사람들의 에너지를 빨아들이지 않는다. 더 이상 녹초가 되거나 완전 방전된 상태로 하루의 끝을 맞이하지 않는다는 얘기다.

지난 몇 년간 나와 내 내담자들에게 가장 효과가 컸던 방법들을 여기에 소개한다. 이대로 따라해도 좋고, 어떤 방법이 가장 잘 맞는지 보고 각자 좋은 쪽으로 응용해서 사용해도 좋다.

황금빛 상상하기

황금빛 상상하기는 우리의 오라를 강화하고 차크라를 보호하는 데 다양하게 활용할 수 있는 좋은 방법이다. 하루에 두 번, 아침에 옷 입을 때와 밤에 자기 전에 해보기 바란다. 누워서 하는 것보다는 앉거나 서서 하는 것이 좋다. 특히 밤에는 누워서 하다 보면 시각화를 끝까지 하기 전에 잠들어 버리기 쉬우므로 되도록 앉거나 서서 한다.

1. 가슴 차크라에 주의를 기울이는 것으로 시작한다.

2. 상상력을 발휘해서 가슴 안에 작은 태양이 들어 있는 모습을 그려본다. 그 태양은 마치 하늘에 떠 있는 해처럼 황금빛을 뿜어내고 있다. 그 다음에는 그 황금빛 줄기들이 몸속의 모든 세포와 원자를 통과하면서 머리끝부터 발끝까지를 전부 채운다고 상상한다.

3. 가슴속에 들어 있는 황금빛 햇빛이 더 밝게 빛을 뿜어내는 모습을 그리며, 이번에는 그 빛이 바깥으로 점점 확장되어 머리 위로, 발 아래로, 몸 바깥으로 뻗어나가는 것을 느껴본다. 당신의 오라와 차크라가 아름답게 반짝이는 황금빛으로 가득 차면서 모든 부정성, 침해, 해로움으로부터 당신을 보호한다.

4. 이 황금빛 속에 서 있는 자신의 모습을 상상한다. 1, 2분 정도 그 모습을 상상한 뒤 눈을 뜬다. 이제 하루를 시작할 준비가 되었다.

밤에 황금빛 상상을 하는 경우에는 앉거나 선 자세로 하다가 자리에 눕는다. 그러곤 저녁노을이 지듯 이 황금빛이 1, 2분에 걸쳐 서서히 부드럽게 사라지는 모습을 그리고, 서서히 졸음이 쏟아지면서 깊고 편안한 잠에 빠지는 것을 느껴본다.

색깔을 이용한 시각화

각 색깔은 저마다 다른 에너지 속성을 띠고 있다. 따라서 특정한 색깔(들)에 둘러싸여 있는 자신의 모습을 상상하는 것도 매우 효과적인 자기 보호 기법이 될 수 있다. 어떤 색깔은 다른 색깔보다 더 강력한 보호 에너지를 준다고 여겨진다. 예를 들어 핑크색은 사랑의 에너지로 우리를 감싸고, 파란색은 힘과 용기를 주며, 보라색은 강한 영적 속성을 지니고 있다고 하고, 흰색은 순수하고 신성한 진동을 가지고 있다고 한다. 이 색깔들은 심장 차크라에서 왕관 차크라에 이르는 상위 차크라들의 색을 나타낸다.(하위 차크라 색깔은 빨강, 주황, 노랑이며, 에너지체를 보호하는 쪽보다는 열정과 활력을 북돋는 쪽으로 사용된다.)

1. 자신이 빛의 거품 속에 들어가 있는 모습 또는 빛으로 둘둘 싸여 있거나 빛의 누에고치 안에 들어가 있는 모습(붕대에 둘둘 싸여 있는 미이라처럼)을 그려본다.

2. 지금 이 순간 자신이 가장 필요로 하는 것에 해당하는 빛의 색깔을 고른다. 딱히 떠오르는 색깔이 없으면 모든 경우

에 균형감을 주는 무지개 색을 떠올려도 좋다.

3. 그 빛이 피부를 통해 흡수되어 몸 전체를 가득 채운다고 상상한다. 이제 그 빛이 존재의 모든 측면에서 당신을 고양 시키고 보호해 주는 것을 보고 느끼고 감지한다.

이 시각화 기법은 특히 요가 강사, 마사지 치료사, 그 밖의 다 양한 자연 치유사들은 물론이고 예술가, 디자이너 등 창의력과 예술성이 넘치는 HSP들에게 인기가 좋다.

스포트라이트 기법

스포트라이트 기법은 배우나 가수 또는 외향적인 HSP들이 좋아하는 에너지 보호 방법이다.

1. 양팔을 옆으로 내리고 편안한 자세로 서서, 우주로부터 순 수한 하얀 빛줄기 하나가 내려오는 모습을 상상한다.

2. 그 빛줄기 안으로 걸어 들어가는 자신의 모습을 상상하고, 그 빛줄기 속에서 하루 종일 보호받는 모습을 그려본다.

3. 몇 분 동안 이 하얀 빛줄기가 머리끝을 통과해 발끝까지 흘러 들어오게 한 다음, 힘이 나고 보호받는 기분을 느끼 며 하루의 일과를 시작한다.

크리스탈 테라피

크리스탈은 치유와 보호의 속성이 강력하므로 몸에 지니고 다니거나 액세서리로 하고 다니면 좋다. HSP에게 가장 강력한 보호 효과를 주는 크리스탈로는 검은색 토르말린, 자수정, 연수정, 호안석虎眼石, 적철석赤鐵石이 있다.

각각의 크리스탈들의 속성에 대해 더 알고 싶다면 사이몬Simon과 수 릴리Sue Lilly가 쓴《꼭 알아야 할 크리스탈 안내서The Essential Guide to Crystals》같은 관련 분야의 책을 찾아서 읽어보기 바란다. 나는 그냥 그때그때 직관적으로 끌리는 크리스탈을 선택하는 방법도 좋다고 생각한다.

크리스탈을 이용한 보호 방법은 자연과 깊은 교감을 느끼는 사람이나 에너지 힐러, 태생적으로 크리스탈에 매력을 느끼는 HSP들에게 인기가 있다. 또 HSP 어린이들에게도 인기가 좋다.

기도 또는 신앙에 기반한 방법들

영의 세계와 연결감을 느끼는 HSP라면, 특정한 영적 인물 혹은 종교적인 인물의 보호를 요청하는 기도문을 읊으면 자신을 에너지적으로 너무 노출시키거나 취약하게 만들지 않으면서도 좋은 효과를 얻을 수 있다. 우주, 신, 대천사, 성인 등 누구에게 기도를 하든지 요청하는 행위 자체만으로 보호의 의도가 작용해 진동이 시작된다.

에너지적인 연결고리나 선을 끊기

HSP들은 감정이입을 굉장히 잘하고 시간도 아낌없이 내주기 때문에 종종 곤란한 처지에 있는 사람들을 자기에게 끌어당기곤 한다. 이때 자신을 보호하는 에너지 벽이 제대로 만들어져 있지 않으면, 그런 사람들이 오라와 차크라에 들러붙어 HSP들의 에너지를 말 그대로 뜯어먹는 수가 있다. 그러면 HSP들은 진이 빠지고 소진된 기분을 느낀다. 태양신경총 차크라(감정과 느낌의 에너지 센터)와 가슴 차크라(사랑과 연결감의 에너지 센터)가 이러한 에너지 착취의 목표물이 되는 경우가 많다. 곤경에 처한 사람들은 종종 HSP 친구와 시간을 보내고 나서 기분이 훨씬 좋아졌다고 하지만, 정작 HSP는 진이 다 빠져버렸을 확률이 높다.

당신에게 이런 일이 일어나고 있는지 알아보려면, 방금 같이 시간을 보냈거나 도와준 사람을 당신이 강박적일 정도로 걱정하고 있는지 또는 그들과 헤어진 뒤 갑자기 기분이 처지거나 우울해지는지 살펴보라. 만약 그렇다면 그 사람들이 당신에게 에너지적으로 들러붙었다는 뜻이다. 이런 행동은 대개 무의식적으로 일어난다. 그 사람들도 자기가 그러는지 모르는 채 그런 행동을 한다는 말이다.

하지만 가끔씩은 알면서 그러는 사람들에게 걸려들 수도 있다. 이렇게 에너지가 소진되지 않도록 당신을 보호하는 방법 중 하나는 살아오면서 이런 식으로 당신에게 '들러붙은' 것처럼 느껴지는 사람을 떠올리고(떠오르는 사람을 보고 깜짝 놀랄 수도 있다), 그들이 당신에게 건 '갈고리'나 부정적인 연결선이 어떻게 생겼는지 자세히 살핀 다음, 당신 스스로 그 갈고리나 연결선을 하나씩 차례로 잘라내 버리는 모습을 상상하는 것이다. 다른 사람을 상처주거나 기분 나쁘게 하는 걸 좋아하지 않는 HSP들에게는 이 작업이 힘들 수 있다. 그 사람이 어떤 식으로든 도움을 구하고 있는 상황이라면 더욱 그렇다. 하지만 우리는 소진되었을 때가 아니라 건강하고 강인할 때 진정으로 다른 사람을 도울 수 있다. 이 점을 기억하는 것이 중요하다. 또한 당신이 끊어내고 있는 것은 부정적이고 굶주린 에너지이지 사랑의 에너지가 아니다. 사랑의 에너지는 결코 끊어질 수 없다.

오라와 차크라 정화하기

또 하나 꼭 필요한 것이 오라와 차크라를 정화하는 것이다. 압도되어 당황하게 되는 경우가 많아 힘들거나 아직 규칙적으로 자신을 보호하는 습관을 들이지 못한 HSP들에게는 오라와 차

크라 정화가 더욱 중요하다. 간단하게 해볼 수 있는 정화 방법을
몇 가지 소개한다.

은 샤워 기법

이 방법은 실제로 샤워를 할 때 해도 되고, 샤워기나 폭포 아
래 서 있다고 상상하면서 해도 된다.

1. 은색의 빛이 머리끝부터 발끝까지 당신을 씻어 내린다고
   상상한다.
2. 원치 않는 부정적인 에너지가 이 빛에 씻겨 내려가는 모습
   을 상상한다.
3. 이 은색 빛이 모든 차크라를 통과하며 차크라들을 깨끗하
   게 씻어내는 장면을 그려본다.
4. 샤워기(또는 폭포) 밖으로 나오면서, 태양의 황금색 빛줄기가
   당신의 몸을 말려주고 다시 한 번 보호 에너지로 감싸는
   모습을 상상한다. 이제 하루를 시작하거나 마무리할 준비
   가 되었다.

보라색 불꽃 기법

불은 변성變性과 변화의 에너지를 가지고 있다. 보라색 불꽃

기법은 어둡고 힘들고 부정적인 환경에서 일하는 사람들에게 특히 도움이 될 수 있다.

1. 보랏빛의 정화의 불꽃 속으로 걸어 들어가는 모습(불꽃 속에서 춤추는 본드 걸Bond girl 처럼!)을 상상한다. 불꽃에 닿아도 아프지 않다. 이 불꽃이 당신 주위에서 반짝이며 당신을 감싸 안아 오라와 차크라 속의 모든 부정적인 에너지, 원치 않는 에너지를 태워버릴 것이다. 이 과정에서 어떤 HSP들은 몸 안이나 밖에서 따뜻한 기운을 느끼기도 한다. 초자연적 능력을 가진 사람들의 경우에는 특히 더 그럴 수 있다.

2. 1~2분 뒤에 또는 직관적으로 충분하다고 느껴질 때 불꽃 밖으로 걸어 나와 깊은 숨을 끝까지 들이마시고 내쉬며 몸 안을 한 번 더 정화한다. 아까보다 더 맑고 가벼워진 느낌이 들 것이다. 이제 하루를 시작하거나 마무리할 준비가 되었다.

스머징 또는 세이지 태우기

북미 원주민들의 전통인 스머징smudging(공간을 정화하기 위해 약초를 태운 연기를 사용하는 의식—옮긴이) 또는 세이지sage(샐비어—옮긴이) 태우기는 당신의 몸이나 물리적인 공간(집, 사무실 등)에서 원치 않는 에너지를 정화하는 또 한 가지 방법이다. 스머지 스틱을 사서 태운 뒤 그 연기를 몸 주변과 공간에 쐬어줄 수도 있고, 아로마 오일 버너에 세이지 오일을 넣고 태울 수도 있다.

소금의 힘

소금은 모든 부정적인 에너지를 흡수한다고 여겨지므로, 작고 오목한 그릇에 소금을 담아 방 한쪽 구석에 놓는 것도 환경을 정화하는 좋은 방법이다.

정화의 연못

물은 감정을 상징하므로, 이 방법은 남을 돌보거나 도와주는 일을 하는 HSP들에게 도움이 된다. 교대 근무가 끝난 뒤나 하루 일과를 마칠 때 또는 저녁에 하는 것이 가장 좋다.

1. 조용하고 편안한 장소에 앉거나 눕는다. 아름다운 자연 속의 따뜻하고 마음이 편해지는 연못에 몸을 푹 담근다고 상상한다.
2. 물속에서 즐거운 시간을 보내면서, 원치 않는 에너지들이 빠져나가 작은 거품이 되어 수면을 떠다니다가 서서히 사라지는 것을 바라본다.

또는 엡솜염이나 마그네슘 조각(엡솜염이나 마그네슘은 정화하고 해독하는 특성을 가진 것으로 알려져 있다)을 푼 목욕물에 실제로 몸을 담그거나, 갈 수 있다면 바다에 가서 수영을 하는 방법도 있다.

HSP가 느끼는 감정의 강도가 세고 그 감정을 소화하는 데 오래 걸린다는 것은 이들에게 에너지 보호와 정화가 숨 쉬는 데 필요한 산소만큼이나 중요할 수 있다는 의미이다. 이 장에서 제안한 기법들은 우리 HSP들이 살면서 압도된 느낌에 휩싸일 때 그것을 감당할 수 있게 해주는 핵심적인 방법이다. 이 방법들은 우리가 HSP로서 단지 생존하는 것을 넘어 건강하고 행복하고 성공적인 삶을 꾸려나갈 수 있게 도와준다.

14장

상실을
이해하기

상실을 겪거나 상실 뒤 애도의 과정을 거치는 것은 누구에게나 고통스러운 일이다. 그런데 HSP는 감정을 느끼고 처리하는 깊이가 훨씬 깊기 때문에 어떤 형태로든 상실(이혼, 별거, 해고, 사고, 트라우마 등)이나 사별을 경험할 때 보통 사람보다 훨씬 길고 강렬한 애도의 시간이 필요할 수 있다.

상실은 우리 자신을 바꿔놓기도 하고, 우리가 자신에 대해서 또는 자기의 삶에 대해서 보고 느끼고 생각하는 방식을 바꿔놓기도 한다. 우리는 상실에 따른 슬픔에서 도저히 벗어날 수 없을 것 같은 기분과 함께 깊은 어둠 속으로 던져진 듯한 느낌을 받는다. 이런 일은 상실을 겪은 직후에 일어날 수도 있지만, 몇 주나 몇 달 혹은 몇 년 동안 일시적인 해리 상태를 겪고 나서 나타날 수도 있다.

우리 모두가 살면서 언젠가 한두 번쯤은 이런 깊은 슬픔을 겪는다. 상실을 직접 경험해 본 HSP로서 나는 이러한 사건이 사람을 얼마나 깊은 충격에 빠뜨릴 수 있는지, 얼마나 멍하고 혼란스럽고 망연자실케 만드는지 잘 안다. 그리고 이제 겨우 일어설 만할 때쯤 또 다른 감정의 쓰나미가 몰아친다. 연이은 감정의 파도가 얼마나 심하게 후려치는지 숨을 고르기조차 힘들고, 당신 역시 곧 죽을지 모른다는 공포감에 시달리기도 한다. 그리고 그런 순간 다른 사람들에게는 결코 말하고 싶지 않은 생각이 올라오기도 한다. '지금 내가 숨을 멈춘다면 이 모든 고통이 사라져 버릴 텐데……'

많은 사람들이 언젠가 한 번은 그런 순간을 맞게 되리라는 사실을 받아들이는 데서 당신이 잠시나마 위안을 얻을 수 있으면 좋겠다. 하지만 나는 경험을 통해서 그리고 내담자들의 경험을 통해서, 우리가 정말로 바닥을 쳤을 때 그때가 바로 상위 자아(그리고 우리에게 영적인 도움을 주는 존재들이 있다고 믿는다면 바로 그런 존재들)가 우리로 하여금 다음 숨을 내쉬고 다시 일어서서 살아갈 수 있도록 도와주는 때라는 사실도 알고 있다. 어둠을 뚫고 빛이 스며들기 시작하는 때라는 사실도.

애도의 단계

애도에는 여러 단계가 있지만 우리가 기억하고 신뢰해야 할 가장 중요한 한 가지는, 애도의 전 과정을 거치는 동안 우리의 상위 자아(우리의 영과 영혼)는 고통 속에 있는 우리를 안전하게 지키고 보호하는 방법을 기본적으로 알고 있다는 사실이다. 깊은 슬픔이 갑자기 찾아올 때 우리는 자거나 울거나 보살핌을 받기 위해 침대로 향하기도 하고, 어떤 때는 마치 감옥에 갇힌 듯한 기분에 빠지기도 한다. 전구가 모두 나가고 깜깜한 어둠만이 가득한, 폐소공포증에 걸릴 것만 같은 감방 말이다. 상실로 인한 고통과 슬픔은 원시적인 감정이다. 애도의 시간을 거치는 동안, 당신은 이전에 한 번도 접속해 보지 못한 깊은 내면에서 나오는 통곡과 울부짖음을 경험할 수도 있다.

그러는 동안에도 우리를 둘러싼 세상은 계속 굴러간다. 이렇게 보면 애도는 '징역살이'처럼 느껴질 수도 있다. 고통이라는 감옥에서 애원하고 저항하고 도망치려는 노력은 아무 소용이 없고, 출소일이 언제가 될지도 모른 채 당신은 그저 달력에 하루하루 날짜 가는 것을 표시하는 것밖에 할 수 있는 일이 없다.

하지만 애도의 독방에서도 정말로 열심히 찾고 찾으면 문 손잡이의 열쇠 구멍 틈으로, 감방의 창문 너머로 들어오는 빛의 조각을 발견할 수 있다. 그리고 때로는 이 작은 빛의 조각만으로도 충분히 어둠과 단절을 깨뜨릴 수 있다. 그리하여 마침내 단 몇 분, 몇 시간만이라도 감방에서 나와 회복과 자유로 가는 길 위에 서 있는 자신을 발견할 수 있다.

당신이 누군가를 깊이 사랑했거나 혹은 사랑하는 이가 많은 사람이라면, 마치 이 감옥의 단골 방문객이라도 된 듯한 기분을 느낄지도 모른다. 하지만 부디 이 점을 기억하기 바란다. 비록 보거나 느낄 수 없다 하더라도 당신 안에는 더욱 높은 차원의 힘이 있다. 당신이 슬픔의 감옥을 드나드는 내내 그 시간을 잘 통과할 수 있도록 이 빛이 도와줄 것이다. 이 내면의 빛과 연결되어 있는 한 슬픔이라는 어둠이 꼭 종신형처럼 느껴지지는 않을 것이다.

HSP들은 상실 후에 애도의 시간이 길어지는 것에 대해 사람들이 쑥덕거린다고 느낄 수도 있고, 충분히 준비되지 않았는데 빨리 털고 일어나라는 말을 들을 때도 많다. 하지만 애도에 정해진 기간 같은 것은 없으며, 슬픔을 다루는 데 맞고 틀린 방법이 있는 것도 아니다. 그러니 상실의 시간이 찾아오면 이 점을 꼭 기억하고, 애도의 과정들을 충분히 거치기 바란다. 당신이 어떻게 해야 하는지 아는 사람은 당신뿐이다.

애도의 단계들을 알고 있으면 자신의 감정을 이해하는 데 도움이 된다. 애도가 일직선으로 진행되는 과정이 아니라는 점, 그래서 애도와 치유의 과정 동안 전진과 후퇴를 수많이 반복할 수 있다는 점을 알아두는 것이 중요하다. 그러니 너무 서두르거나 자신을 몰아붙이지 말고, 자기가 애도의 어떤 단계에 있는지 알아차리기 위해 노력하자.

부인

첫 번째 단계는 대개 '부인'으로 시작한다. 이 단계에서 상실의 당사자는 자신이 직면하고 있는 현실의 충격을 받아들이기보다는 자신이 바라는 현실이나 거짓 현실을 상상한다. 이러한 현상은 그 사람이 감정적으로 상실을 인정하지 못하고 무감각해져 있을 때 주로 나타난다. 사별을 겪은 사람들의 경우 이 단계에서 종종 사망 신고나 장례 계획 등 여러 가지 실질적인 사안들을 마치 자동 프로그램에 따라 움직이는 사람처럼 행동하면서 처리한다.

분노

슬픔에 빠진 사람이 더 이상 상실을 부인할 수 없음을 인정하게 되면, 그 다음에는 대개 분노가 찾아온다. 이들은 죄책감을 느끼거나 절망하고, 누군가를 탓하고 싶어 하기도 한다. 분노 단계는 "왜 나한테 이런 일이 생기는 거야? 억울해!"라거나 "신이나 우주가 있다면 왜 이런 일이 일어나도록 내버려두는 거지?" 같은 반응을 일으킬 수 있다. 때로는 깊은 슬픔을 표현하기보다 분노를 표출하기가 더 쉬울 때가 있다. 자기 마음을 표현하기 어려워하는 HSP들에게는 자신의 생각과 느낌을 일기장이나 종이에 쓰는 것이 도움이 될 수 있다. 말보다는 글로 표현하기로 했다면, 다 쓴 다음 그 종이를 찢어버리거나 태우는 방식으로 생각과 느낌을 흘려보내는 것도 좋다.

협상

세 번째 단계에서 우리는 슬픔을 피할 수 있기를 바라면서 어느 선에서 협상 또는 흥정을 시도하게 된다. 이 단계에서는 "저를 대신 데려가세요" "신이시여, 그들을 돌려보내 주세요. 저는 그들 없이는 못 살아요. 하루만 더 그들과 함께 보낼 수 있게 해주신다면, 꼭 ~하겠다고 약속할게요" 같은 식의 생각을 하는 경우가 많다. 깊은 고통이 표면으로 올라올 때 생기는 현상이다. 어떤 HSP들은 여기에서 다시 분노의 단계로 돌아가기도 하고, 어떤 HSP들은 자신의 감정을 처리하면서 우울 단계로 넘어가기도 한다. 사람마다 애도의 방법이 다르고, 어떤 단계에서는 다른 단계보다 시간이 더 오래 걸리기도 한다.

우울

다음은 우울 단계인데, 보통은 사람들이 이 단계를 제일 무서워한다. "계속 살아서 뭐하겠어? 그 사람이 너무 보고 싶은걸" 하는 생각이 들 수도 있는데 이 또한 자연스러운 애도 과정의 일부이다. 우울 단계에서는 죽음이 돌이킬 수 없는 사실이라는 점 때문에 더욱 슬퍼지기도 한다. 이때에는 사람들을 피하고 방문객도 거절하면서 많은 시간을 슬퍼하며 보낼 수 있다. 이 슬픔의 블랙홀이 사람들을 제일 겁먹게 만드는데, 사람들은 이 단계에 꼼짝 못하고 갇힐까봐 두려워한다. 하지만 기억하자. 출구는 언제나 있다. 비록 당시에는 보이지 않고, 그래서 전문가의 도움을 받아야만 하더라도 말이다.

받아들임

애도의 마지막 단계에서 우리는 육체를 가진 모든 생명이 유한하다는 사실, 모든 것은 어떤 형태로든 태어나고, 죽고, 다시 태어나는 사이클을 거친다는 사실을 받아들인다. 신이나 사후세계를 믿는 HSP에게 죽음이란 "죽음으로써 영생을 얻는다"는 점에서 일종의 역설이다. 지구를 떠나면 먼저 세상을 떠난 사랑하는 사람들과 영혼의 세계에서 다시 만난다는 믿음이나 깨달음을 갖고 있다면, 그러한 믿음이 슬픔에 대처하는 데 큰 도움을 줄 것이다.

찾아보면 여러분이 사는 지역에도 사별인 자조 모임 등 애도 과정에 도움을 받을 수 있는 기관이나 단체가 곳곳에 많이 있을 것이다. 당신이 겪고 있는 일을 이해해 줄 다른 사람들과 이야기를 나누는 것도 도움이 된다. 더 많은 정보를 얻고 싶다면 인터넷을 검색해 보거나 주치의에게 연락해 보기 바란다.

나의 상실 이야기

지난 몇 년 사이 상실과 그로 인한 큰 슬픔이 몇 번이나 내 가슴속으로 훅 파고들어 와 고통과 선물, 어둠과 빛을 동시에 가져다주었다. 고통과 선물, 빛과 어둠이 동시에 닥치리라는 사실을 예측할 수 있어서 마음의 준비를 할 시간이 있을 때도 있었지만, 예고 없이 들이닥치는 바람에 속수무책으로 충격에 빠져버린 때도 있었다.

아버지가 췌장암 진단을 받은 지 얼마 안 되어 돌아가신 것도 준비되지 않은 채 빛과 어둠을 맞은 사건 중 하나였다.

아버지는 겨우 67세였고, 평생 한 번도 편찮으신 적이 없었다. 아버지를 잃은 것은 가슴이 찢어지는 고통이었지만, 그 일을 계기로 나는 작가가 되겠다는 꿈을 좇아 감옥 근무를 그만두기로 결정하게 되었다.

아버지가 돌아가시고 3년째 되던 해에 내가 사랑하는 래브라도 멍멍이 네로가 세상을 떠났다. 나는 또다시 슬픔의 감옥으로 훅 떠밀려 들어갔다. 나의 연약한 심장은 다시 한번 찢어졌고, 이 책의 집필도 중단한 채 더 나아가지 못했다. 주변에는 내가 겪고 있는 슬픔이 얼마나 깊은지, 네로에게 느낀 사랑이 얼마나 컸는지 이해하지 못하는 사람도 있었다. 하지만 고맙게도 HSP 친구들은 이해해 주었다.

나는 지금도 날마다 아버지와 네로가 보고 싶다. 하지만 이제는 우리가 함께 보냈던 멋진 시간과 추억, 그리고 그들이 내 삶에 가져다준 사랑과 기쁨에 초점을 맞출 수 있다. 그러므로 상실로부터 오는 고통의 강렬함도 시간이 지남에 따라 서서히 사라지며 치유가 된다는 사실을 믿는 것이 중요하다.

동물이 가진 치유의 힘

많은 HSP들이 동물들과 깊은 교감을 느낀다. 사람보다 동물과의 교감을 더 깊이 느끼는 경우도 있다. 동물들, 특히 반려 동물이 주는 사랑은 무조건적이기 때문인데, 이 무조건적인 사랑이 민감한 사람들에게는 커다란 치유 효과를 가져다줄 수 있다. 반려 동물이 세상을 떠났을 때 HSP들이 그토록 슬퍼하는 이유 중 하나도 바로 이러한 깊은 사랑 때문이다. 우리 네로는 전에 감옥에서 마약 탐지 일을 하던 개로, 털옷을 두른 무조건적 사랑 그 자체였다. 네로는 내가 살면서 가장 힘들던 시기들을 무사히 통과하도록 도와주었을 뿐 아니라 과거의 상처에서도 치유되도록 도와주었다.

사람들의 삶에서 동물이 주는 치유 효과는 결코 과소평가되어선 안 된다. HSP들에게는 더욱 그렇다. 교도소에서 근무할 때 나는 마약 탐지견 부서의 공동 책임자로 있었다. 마약 탐지견으로 활동하던 개들 중 몇 마리가 은퇴하자 네로 담당자가 우리에게 네로를 데려가 치료견으로 교육시켜 보지 않겠느냐고 제안했다. 우리는 이 예쁜 검정색 래브라도 견을 내가 공동 관리하던 특수 부서에서 훈련시켜 쓸 수 있도록 예산을 확보할 수 있었다. 네로는 자해하는 사람들이나 기타 연약한 수감자들의 치료견으로 일했다. 치료견은 그룹 치유 세션에 들어와서 수감자들과 함께 앉아 있곤 했다. 이 죄수들 중에는 그 전까지 한 번도 마음을 열어 보이거나 입을 떼어본 적이 없는 사람들도 있었는데, 네로가 함께 있자 갑자기 표정이 밝아졌다. 정말 감동적인 장면이었다.

동물 또는—내가 부르는 말인—'털옷 입은 천사furry angel'들은 때때로 HSP로 하여금 사람들에게서는 얻을 수 없는 깊은 사랑과 연결감을 느낄 수 있도록 해준다. 동물들은 또 우리에게 많은 것을 가르쳐주기도 한다. 그들은 항상 '지금 이 순간'에 살고, 과거에 대해 걱정하지 않으며, 쉽게 용서하고, 우리를 웃게 할 줄 알고, 힘든 시간에 우리 곁에 함께 있어줄 줄 안다. 그런 식으로 동물은 우리를 치유해 준다.

상실에 대한 장을 마무리하면서, 나는 HSP들이 아주 깊이 사랑하는 사람들이라는 사실을 환기시키고 싶다. 당신이 지금 사별을 겪고 어두운 시간을 지나고 있다면, 바라건대 떠난 그 사람에 대한 당신의 사랑과 함께했던 행복한 시간들에 집중했으면 좋겠다. 애도는 우리가 사랑했던 사람에게 주는 마지막 사랑의 표현이다. 내 개인적인 경험에 의하면, 깊은 슬픔이 있는 곳에는 언제나 깊은 사랑이 있다. 이 사랑은 결코 죽지 않으며, 우리가 사랑했던 사람도 마찬가지다. 그들은 우리의 가슴속에 그리고 추억 속에 영원히 살아 숨 쉰다.(그리고 사후 세계를 믿는 HSP

라면 죽음이란 영원 세계로 가는 과도적 단계이며 언젠가 그들과 다시 만나게 된다

는 사실에서 위안을 얻기 바란다.)

나는 HSP들이 감정을 느끼고 흘려보내는 데 타인의 확인을
필요로 하는 경우가 많다는 걸 알게 되었다. 그래서 내가 여러분
에게 그 확인을 해주고자 한다. "얼마나 오래 걸리든, 얼마나 깊
이 슬퍼하든 괜찮다. 당신에게 필요한 만큼 오래 그리고 깊이 슬
퍼해도 된다." 그리고 도움이 필요하다면 언제든 도움을 구할 수
있음을 기억하라. 다만 당신이 겪고 있는 감정의 깊이와 정도를
진정으로 이해할 수 있는 사람들에게 도움을 받아야 한다는 점
을 잊지 마라.

3부

영적인 관점에서 바라본
HSP의 여정

3부는 영적인 측면에서 초민감성을 탐구하는 데 관심이 있는 HSP들을 위한 것이다. 지금까지 이야기한 내용만으로도 민감한 기질을 가진 여러분이 삶을 헤쳐 나가는 데 도움이 되겠지만, 이 외에도 여러분과 나눌 수 있는 내용이 더 있다. 교도소에서 10년 동안 근무하면서 나는 일종의 영적 재활이라고 할 만한 시간을 보냈고, HSP로서 살아가는 것이 지닌 더욱 깊은 영적 측면을 발견하게 되었다. 나는 또한 (감옥 외부에 있는 기관에서) 영혼 차원의 치유에 특히 관심을 갖고 치료사 트레이닝을 받았으며, 이 트레이닝은 온전함을 향해 가는 나 자신의 여정에 큰 도움이 되었다. 3부에서는 이 과정에서 내가 배운 것들, 그리고 HSP들이 종종 '잃어버린 조각'이라고 느끼는 부분을 찾고 삶 속의 부정적 문제와 패턴을 치유하도록 내가 도와주는 방법들을 소개하고자 한다.

초민감성 기질이 지닌 다양한 영적 측면을 적극적으로 받아들이고 사용할 수 있으려면 먼저 영적인 면에서 우리가 이원론적인 본성을 가지고 있음을 이해해야 한다. 다시 말해 우리의 자아에는 인간적인 부분인 인격적 자아personality self(에고ego라고 한다)와 육신이 죽은 뒤에도 계속 존재하는 신성하고 비물리적인 부분인 영혼soul이 있다는 뜻이다. 영혼에는 우리의 영spirit이 깃

들어 있는데, 영이란 많은 사람들이 모든 것, 모든 이 안에 살고 있다고 믿는 신higher power, 우주 에너지, 신의 불꽃spark of God, 신성한 에너지를 가리키는 말이다. 3부의 첫 번째 장에서 영에 대해 더 자세히 살펴보겠다.(이 책에서 'soul'은 '영혼', 'spirit'은 '영'으로 번역하였다.—옮긴이)

이어지는 장章들은 우리 삶에 '신성한 밑그림'이 있다는 생각, 전생前生의 개념, 전생 퇴행past-life regression 치료의 중요성에 대해 이야기한다. 전생 퇴행 치료는 무의식unconscious mind에 접근해 우리 영혼이 거쳐온 과거 생들을 탐색함으로써 현생에서 반복되는 문제나 패턴을 해소하는 방법 중 하나이다. 나는 또한 많은 HSP들이 마주치는 주된 전생 문제들이 어떤 것인지 이해하도록 돕고, HSP들이 느끼는 우울이나 분노, 두려움과 같은 주제 또한 영적인 관점에서 조명하였다. 이 책의 끝부분에서는 많은 HSP들이 지닌 타고난 직관력(때로는 초자연적psychic 능력)에 대해 이야기하면서, HSP들이 자신들의 고유한 재능과 능력을 세상에 드러내 진정으로 자기 삶의 목적을 환영하고 받아들이도록 독려하고자 하였다.

전생의 개념 부분을 읽을 때 그 내용이 별로 와 닿지 않거나 현재 믿고 있는 종교에 맞지 않는다고 여겨질 수도 있을 것이다. 그렇게 느껴도 당연히 괜찮다. 나는 여러분을 설득하려는 것이 아니다. 그저 한 명의 HSP로서 나 자신이 그리고 많은 내담자들이 걸어온 여정에서 배운 것을 공유하려는 것뿐이다. 이런 식의 접근법이 있다는 걸 아는 것만으로 여러분에게 도움이 될 수도 있다는 희망을 안고서 말이다.

서른두 살 때까지 나는 무엇을 하면서 살아야 할지 모르겠다고 생각했다. 하지만 돌아보니 어떤 지혜롭고 모든 걸 알고 있는 나의 한 부분이 언제나 나를 인생의 목적으로 이끌어 어떤 식으로든 사람들을 돕게 했다. 단지 당시에 내가 그 사실을 의식적으로 알지 못했을 뿐이다. 여러분 역시 3부를 읽으면서 지혜롭고 모든 걸 알고 있는 자신의 일부를 더욱 잘 알아차리고 그 목소리에 응답하기를, 그리하여 HSP로서 더 깊은 목적 의식과 보람을 느끼기를 바란다.

15장

우리의 인간성과 신성:
에고, 영혼, 영

이 장의 목적은 눈에 보이는 것보다 더 큰 무언가가 우리 삶에 있다는 사실을 느끼거나 알고 있을 HSP들에게 좀 더 명확한 그림을 제시하는 것이다. 또 강한 직관, 초자연적psychic 능력, 치유 능력을 가진 사람들이 그들의 진정한 정체성을 다른 측면에서 이해할 수 있도록 도와줄 것이다.

일반적으로 우리는 우리가 육체 속에 살고 있는 인간 존재일 뿐이라고 믿도록 교육받아 왔다. 하지만 앞에서도 언급했듯이 우리가 사실은 인간 경험을 하고 있는 영적 존재라고 보는 관점도 있다. 우리에게는 '에고'라는 인격적인 부분도 있고, 우리의 진정한 정체성인 신성한 부분도 있다. 이 신성한 부분을 영혼이라고 하는데, 영혼은 우주적인 영에 연결되어 있는 동시에 그 영의 일부를 이루기도 한다. 또한 우리 모두가 이 영의 일부이자, 우리 한 사람 한 사람 안에 이 영이 깃들어 있기도 하다. 에고와 영혼, 영이 모두 합쳐져 우리의 진정한 자아를 이룬다.

에고는 우리의 인간적인 부분으로, 감정과 생각을 만들어낸다. 에고는 교육 제도, 종교, 사회 경제적 요인 등 우리가 성장하면서 받아들이는 중요한 요인들에 영향을 받아 형성된다.

영혼은 인간의 형상으로 다양한 경험을 하고 의식을 탐구하기 위해(16장 참조) 계속해서 환생할 수 있다고 많은 사람들이 믿고 있는 우리의 비물질적·영적인 부분이다. 영혼은 영이라고 알려진 우주적 에너지와 사랑의 영원한 불꽃을 담고 있는 그릇이기도 하다. 이 신성한 에너지는 근원Source, 신Higher Power, 성령Holy Spirit, 우주Universe, 아이엠I AM Presence 등 다양한 이름으로 묘사된다. 그것—모든 것과 모든 이 안에 살고 있으며 어디에나 존재하는 신성한 힘—은 위대한 궁극의 신비이다.

우리의 영적 여정

영혼의 윤회와 신을 믿는 사람들은 우리가 태어나기 전, 현생과 전생 사이에 있는 영의 세계에서 영혼으로 존재한다고 말한다. 두 생 사이에서 진화하고 성장함에 따라 우리는 다른 영혼 그룹에 속하게 되는 것으로 보인다. 매우 민감한 사람들의 그룹도 그러한 영혼 그룹 중의 하나이다. 매우 민감한 영혼들로서 영의 세계에서 살 때 우리는 지구에서 무슨 일이 일어나는지 보고 어떤 식으로든 돕거나 봉사하고 싶어 한다. 또 과거의 생들을 돌이켜보기도 하는데, 그때 우리가 배웠던 것, 아직 완수하지 못했거나 치유되지 않고 남아 있는 부분들까지도 함께 돌아본다.

그리고 우리를 보호하고 돕는 임무를 받은 영적 안내자와 수호천사의 형태를 한 존재들의 안내를 받아 다음 생의 계획을 담은 밑그림을 짠다. 이 밑그림에는 우리가 다시 사람으로 태어날 때의 유전자 구성이나 가족에서부터 그때 살게 될 나라와 사회, 시대, 그리고 그 생애에서의 수명과 태어나고 죽는 날짜 등 모든 것이 포함되는 것으로 여겨진다. 우리가 특정한 교훈을 배우고 특정 자질을 계발하여 계속 더 진화하려면 영혼이 이러한 '프로그래밍'을 할 필요가 있다고 한다.

그러나 영혼이 인간의 육체를 입을 때 우리는 그 사실을 잊어버린다. 일종의 영적 기억상실증이라고 할 수 있다. 우리가 진정으로 누구인지 다시 기억해 내기 위해서는 반드시 이 과정을 거쳐야 한다. 우리가 이 일시적인 기억상실증 상태에 있는 동안에는 에고가 대개 주도권을 쥐는데, 이때 에고는 성취와 행복을 얻기 위해 오직 바깥세상에만 집중한다. 그러한 에고는 돈, 권력, 섹스, 명성 등을 궁극의 목적으로 보기 때문에 경쟁심이 강하고 통제를 통해 권력을 쟁취하려고 한다. 에고는 자신이 신성한 근원인 영과 분리되어 있다고 생각하고, 우리를 별것 아닌 존재로 눌러두려 한다. 그래서 우리에게 무언가가 결핍되어 있다고 믿게 만들고, 돈이나 잘 나가는 직업, 성공 등을 통해 우리의 가치를 증명해야 한다고 부채질한다. 에고를 부추기는 근원적인 힘은 두려움이고, 두 가지 가장 근본적인 두려움—죽음에 대한 두려움과 괜찮은 사람이 되지 못하는 것에 대한 두려움—으로 인해 사람이나 상황을 통제하려고 한다.

우리가 우리의 영혼을 계속해서 외면하면 우리는 표면적·외부적인 필요에만 초점을 맞추게 돼 자신을 실제보다 부풀려 생각하거나 오히려 반대로 자신을 전혀 사랑하지 않게 될 수 있다. HSP들은 후자인 경우가 더 많다. 민감한 기질이 인정받거나 존중받지 못하는 가정이나 사회에서 성장한 경우에는 더 그렇다. '괜찮지 않은 사람'이라는 생각은 이런 식으로 에고에 깊이 자리 잡게 된다. 이렇게 왜곡된 인식을 가진 에고는 균형을 되찾을 필요가 있고, 대개는 바로 그때 깨어나라는 영혼의 부름이 시작된다. 우리의 신성한 본성을 기억하라고 영혼이 우리를 흔드는 것이다.

나의 영적 깨어남

어린 시절 영적 존재들과 천사들을 본 경험이 영의 세계가 존재한다는 것을 마음속으로 알게 된 기반이 되기는 했지만, 한 '영혼'으로서 살아간다는 걸 내가 미약하게나마 알아차린 것은 어린 시절 많은 사람들에게 "너는 참 민감한 영혼이구나"라는 말을 반복적으로 들으면서였다. 그리고 영혼에 대한 인식이 단순한 '개념'이 아니라 '사실'로 바뀌는 직접적인 경험을 처음으로 한 것은 우리 아들을 낳은 직후 유체이탈 경험을 했을 때였다. 아들을 낳고 품에 안은 지 겨우 몇 분 만에 나는 기절했다. 아마도 누군가가 나를 휠체어에 태워 병실로 보낸 다음 침대 주변에 커튼을 쳐서 내가 자도록 두었던 것 같다.

얼마간의 시간이 지나 깨어보니 내가 위에서 내 몸을 내려다보고 있었다. 내가 있는 곳에서는 모든 것이 새하얗고 고요하게 느껴졌다. 나는 몇 초가 지나서야 아래의 침대에 누워 있는 사람이 나라는 사실을 깨달았다. 혼란과 두려움이 몰려와 나는 당황하기 시작했다. '오, 이럴 수가. 다시는 돌아가지 못할 거야!'라고 계속해서 생각했던 것이 아직도 생생하게 기억난다. 그러고 나서 갑자기 마치 어떤 강력한 에너지가 나를 다시 몸속으로 훅 끌어당기는 듯한 느낌이 들었다. 나는 한참 소리를 지르다가 눈을 떴다. 눈을 뜨고 나서야 내가 몸으로 다시 들어왔다는 것을 알았다.

위에서 몸을 내려다봤을 때 공포에 질려 어쩔 줄 몰라 했던 것은 나의 에고, 즉 인격적 자아였다. 진정한 자아를 잊어버리기 위해 에고 안에 프로그래밍된 영적 기억상실증 때문이었다. 나는 나의 영혼을 육체의 한계 없이 경험하였다. 이것이 내 영혼이 나를 깨우기 위해 보낸 첫 번째 신호였고, 이때부터 나는 세상과 사람들을 새로운 방식으로 경험하기 시작했다.

몸 밖에 나가 있던 그 짧은 순간 동안(당황하기 전까지) 나는 살면서 한 번도 느껴보지 못한 평화로움을 느꼈다. 그곳에는 시간이라는 개념이 존재하지 않았고, 내가 모든 것의 일부인 것 같았다. 내가 모든 것의 일부라는 사실을 이제는 이해하고 또 믿는다. 우리 모두가 다 그렇다는 사실도.

영적 기억상실증 상태에 있다 하더라도, 우리가 우리의 '신성한 자아'라고 부르는 부분은 직감 등을 통해 지속적으로 우리에게 자신의 존재를 알리고 있다는 사실을 아는 것이 중요하다. 직감은 가슴이 보내는 속삭임이자, 우리 안의 더 고차원적이고 지혜로운 부분에서 보내는 내적인 안내의 메시지이다. 우리 안의 고차원적인 부분은 우리에게 끊임없이 인생 계획(신성한 밑그림)을 상기시킨다. 우리는 그 계획을 실행하거나 완성하기 위해 이곳에 있는 것이다. 우리가 그 메시지에 귀 기울이기로 선택하기만 한다면 말이다.

자, 이제는 왜 우리가 매 생애마다 정확히 되기로 한 그 모습 그대로 태어나고 있는지, 그리고 왜 우리의 모든 면들을(타고난 초민감성까지도) 전부 받아들이는 것이 중요한지 더 잘 이해하기 위해 이 신성한 밑그림의 개념을 더 자세히 살펴보자.

16장

신성한
밑그림

교도소에서 근무한 10년 동안 나는 어떤 보이지 않는 힘에 의해 다양한 치료와 영적 수련을 받도록 안내받았다는 기분이 든다. 나는 교도소 내의 수감자들뿐만 아니라 교도소 밖에서 만나는 HSP 내담자들에게도 파괴적인 행동 패턴이나 계속되는 삶의 주제가 있으며, 이번 생에서 발생한 사건들로는 결코 설명되지 않는 두려움과 공포가 있다는 것을 알게 되었다. 그래서 나는 퇴행 치료regression therapy(전생 치료past-life therapy라고도 한다. 구체적인 내용은 17장에서 다룬다)에 끌리게 되었다. 퇴행 치료는 과거 생에 발생한 부정적인 패턴이나 주제 가운데 완전히 해결되거나 치유되지 못한 것들이 다음 생으로 이어져 영향을 미치며,

따라서 그것을 알아보는 것이 치료에 도움이 된다는 것을 전제로 하고 있다.

퇴행 치료 트레이닝을 받으면서 나는 영혼이 이미 짜놓은 밑그림을 가지고 새 몸 안에 들어온다는 사실을 알았다. 어떤 경험을 하거나 교훈을 얻기 위해서, 또는 특정 자질을 계발하거나 마스터하기 위해서 말이다. 이 장에서는 우리가 이 신성한 밑그림을 미리 짜가지고 오는 이유가 무엇인지, 왜 이번 생에서 우리가 이러저러한 어려움들을 겪는지, 고통의 목적 속에 어떤 풍요로움이 깃들어 있는지 설명하고자 한다.

신성한 밑그림을 이해한다면 기시감既視感(데자뷰)을 느낀다든지, 처음 만난 사람이나 처음 가본 장소와 강한 영적 연결감을 느끼는 이유가 설명이 된다. 혹시 생전처음 갔는데도 마치 전에 거기에서 오랜 시간을 살았던 것처럼 친숙한 느낌이 들었던 장소가 있지 않은가? 또는 피를 나눈 가족보다 더 가족처럼 느껴지는 친구들이 있지 않은가? 당신의 신성한 밑그림이 이러한 현상을 설명해 준다. 당신은 그곳에 방문하도록 또는 그 사람을 만나도록 되어 있었던 것이다. 어쩌면 이전 생에서도 그곳에 살았거나 그 친구들을 만났을지 모른다. HSP들에게 좋은 소식은, 일단 우리가 타고난 영적 지혜에 접속하는 법을 배워서 이런 경험들이 어디에서 비롯되었고 왜 그런 식으로 펼쳐지는지 알고 나

면 이 경험들을 훨씬 편안하게 대할 수 있을 뿐 아니라 오히려
이러한 경험으로부터 위안과 만족을 느낄 수도 있다는 점이다.

우리 영혼이 만드는 영화들

우리의 영혼이 육체를 바꿔가며 많은 생을 살아갈 수 있다는
생각을 받아들인다면, 여기에서 각각의 생을 한 편의 영화라고
생각해 보는 것도 유용할 것 같다. 치유되지 않은 상처나 끝내지
못한 과제가 있는 경우 그 패턴이나 주제는 똑같이 반복되지만
세트나 등장인물은 달라진다.

어떤 방식으로 보기로 하건 간에 우리의 삶이라는 영화는 전
형적인 제작 절차를 따른다. 시작 장면(출생)이 있고, 배경이 되는
무대(우리가 사는 곳)가 있으며, 등장인물들(가족, 친구, 우리가 만나는 사
람들)이 소개될 것이고, 다양한 사건이 펼쳐지는 줄거리와 마지막
장면(죽음)이 나올 것이다. 나는 우리가 생의 마지막 순간에 이르
렀을 때 자기 인생의 주제가 무엇이었는지, 각 사건에 감추어진
선물과 속성이 무엇이었는지 알게 되면 좋겠다. 또 인생의 여러
경험을 통해 지혜와 교훈을 얻을 수 있었으면 좋겠다. 에고의 차
원에서 이것들을 깨닫지 못한다면 영혼이 영의 세계로 돌아간
뒤에 영혼의 차원에서 이를 깨닫게 될 것이다. 영의 세계에서는

제작팀이 그 생애를 다룬 영화를 보며 잘된 점과 부족했던 점을 검토하고 다음 영화 제작을 의논하게 된다.

영혼은 '진짜' 죽음이란 없다는 사실을 알고 있다. 그저 육체라는 껍데기를 벗는 현상이 있을 뿐이다. 영혼은 또한 각각의 생이 한 영화에서 다음 영화로 넘어가는 '이행기transition'라는 사실도 알고 있으며, 따라서 더 많이 경험하고 더 많이 보고 더 많이 창조하고 싶어 한다. 그래서 1편이 나온 뒤 2편이 계획되고, 제작되며, 그 생을 살고 나면 상영이 끝난다. 그런 식으로 신성한 밑그림을 활용해서 다음 편, 그 다음 편이 계속 이어진다.

순수한 영의 세계에는 분리나 반대극이 없고 오직 사랑, 평화, 기쁨, 하나됨의 경험만이 있다고 한다면, 영혼이 진화하고 성장하기 위해서는 이 물질 세상에서 그와 정반대되는 경험을 해야만 한다. 물질계에 있으면서 영혼은 세속적인 삶을 통해서만 경험할 수 있는 감정과 교훈에 어떤 것이 있는지 알고 그것을 다루는 법을 익혀간다. 따라서 이전 생에서 끝내지 못한 과제나 치유되지 않은 트라우마가 있으면 우리는 다음번 '영화'에 더 심오하고 도전 과제가 많은 줄거리를 짜 넣게 된다. 점점 더 심화되는 영혼의 성장과 발달 사이클에서 우리는 전과 같은 배우를 쓰기도 하고 새로운 배우를 고르기도 한다. 이 말은 이번 생의 부모가 다른 생에서는 친구나 형제 역할을 했을 수도 있다는 의미이다.

사람마다 밑그림을 짠 이유가 제각기 다르겠지만, 우리가 이번 생에 환생한 이유를 아는 존재는 우리의 영혼과 영뿐이다. 그렇다고 해도 우리 모두 공통으로 갖고 있는 보편적인 주제와 목표가 있다.

- 우리 자신이 진정으로 누구인지 기억하기 위해서. 우리의 신성함을, 우리가 영과 영혼으로 이루어진 존재임을 깨닫기 위해서.
- 개인적·영적으로 성장하기 위해서.
- 나의 영혼과 다른 영혼 사이의 카르마 불균형을 해소하기 위해서. "뿌린 만큼 거둔다" "주는 대로 받는다"와 같은 속담은 본질적으로 맞는 말이지만, 사람들이 이해하고 있는 의미와는 다르다. 카르마란 균형을 되찾아주는 절차이다. (과거에 저지른 행동에 대해 벌을 주는 것이 아니다.)
- 다른 사람들에게 봉사하기 위해서. 타인에 대한 봉사는 영혼의 여정에서 가장 근본적인 측면 중 하나이다.
- 사랑의 통로가 되기 위해서. 사랑의 통로가 되어 사랑을 표현하는 것은 모든 영혼의 공통된 출생 전 계획의 일부이다. 설사 어떤 생에서 한 영혼이 다른 영혼에게 '안 좋게'

행동하기로 선택했다고 해도, 궁극적으로 그 결정은 밑그림을 그리는 단계에서 사랑을 바탕으로 계획된 것이다. 더 단순하게 말하면 이렇다. 어떤 영혼에게 반복적으로 버림받은 이력이 있다고 하자. 미해결 과제가 있거나 치유가 필요한 경우 그 영혼은 자신의 제작팀과 함께 이 주제를 다시 다뤄 그 문제를 해결하기로 한다. 밑그림 단계에서 또 다른 영혼이 다음 생에 이 영혼의 엄마나 아빠가 되어 이 영혼을 버리는 역할을 맡는 데 동의한다. 두 영혼은 그들이 환생해서 버림받음 패턴이 반복되면 인간으로서 둘 다 큰 고통을 겪으리라는 사실을 알고 있다. 그러나 영혼 차원에서는 이 역할을 맡기로 결정하는 것이 크나큰 사랑에서 비롯된다. 이 반복되는 패턴을 끊어내기 위해서는 아이 역할을 맡은 영혼이 버림받음의 느낌을 다시 경험해야 한다는 것을 두 영혼은 알고 있다. 영혼 차원에서 우리는 현생에서 경험하는 도전과 과제 너머의 더 큰 그림과 목적을 볼 수 있다.

이번에는 HSP들에게 특히 더 자주 반복되는 몇 가지 주제를 알아보자. 이런 주제들은 영혼이 HSP들에게 가르쳐주려고 하는 교훈이거나 HSP들이 마스터해야 하는 과제이다.

- 존재의 모든 차원에서 가장 깊은 상처들을 치유하기 위해서. 존재의 모든 차원에서 가장 깊은 상처를 치유한다는 말은 전생의 트라우마들을 해소하는 것은 물론 어린 시절의 상처나 부모로부터 물려받은 패턴까지 치유한다는 의미이다.

- 내면의 어둠에 빛을 비춰(내면의 어둠은 '그림자'라고도 한다. 69쪽 참조) 감춰져 있거나 인정받지 못한 우리 인격의 일부가 외부 세계에 투사되지 않도록 하기 위해서.

- HSP가 그리워하는 '본원의 집home(영적인 고향)'이 자신 안에, 그리고 이 땅 위에 있음을 깨닫고 '향수병'을 치유하기 위해서.

- 다른 사람과 다르고 자기만 이상한 사람인 것 같다는 생각이나 전생에서 영적으로 박해받은 경험 때문에 생긴 전형적인 '피해자' 역할 또는 권력을 둘러싼 문제를 치유하기 위해서. HSP들은 피해자 역할에 갇히는 경우가 많다.

- 교사로서의 느낌을 알아보기 위해서.

- 모든 카르마의 불균형을 바로잡기 위해서.

- 봉사하기 위해서. 이는 개인적인 차원의 봉사이기도 하지만 대개는 사회적 차원의 봉사이다.

- 빛을 퍼뜨리기 위해서. 이런 이유로 천사들 세계에서 HSP

들을 '빛의 일꾼lightworker'이라고 부르기도 한다.

- 마지막으로, 모든 HSP들의 공통적인 주제는 사랑과 친절, 연민을 베푸는 것이다. 남들에게는 물론 자기 자신에게도! 많은 HSP들이 이타적이다. 이타심은 물론 아름다운 자질이지만 자기 자신의 건강이나 행복을 해칠 정도의 이타심은 아름답다고 할 수 없다. 우리는 모두 다양한 형태로 사랑을 주고 또 받는 경험을 하기 위해 이곳에 왔다.

내면의 지혜와 연결되기

이 부분을 읽는 동안 에고가 발끈했을지도 모르겠다. 살면서 사람들에게 받은 상처를 되돌아보며 방어적인 기분이 되거나 화가 날 수도 있다. 적어도 나는 그랬다. 이런 가르침을 처음 접했을 때 에고가 소리 높여 반항했다. 내 존재의 그 어떤 부분(이를테면 영혼)도 인생에서 그런 부정적인 사람들을 만나거나 그런 트라우마들을 경험하겠다고 자진해서 나섰을 리가 없다고 말이다. 하지만 내 영혼의 타고난 지혜에 연결될수록 에고로서는 이해할 수 없는 것들을 이해할 수 있었다. 그러자 그 경험들을 통해 얻은 선물도 발견할 수 있었다. 예를 들어 만약 나에게 두려움이 없었다면 용기를 기를 수도 없었을 것이다. 또 내가 그토록 깊이

227

상처받지 않았다면 용서를 배울 기회도 없었을 것이다.

인격적인 또는 에고적인 관점에서는 많은 경험들이 그것을 겪을 당시에는 감당할 수 없는 도전 과제처럼 보여도, 영혼의(또는 영의) 관점에서는 모든 경험과 만남에는 다 분명한 이유가 있는 것이다.

그러므로 에고를 잘 달래서, 여러분이 영혼의 차원에서 이 내용들이 여러분에게 와 닿는지 살펴보는 동안 잠시 조용히 해달라고 에고에게 부탁해 보기 바란다. 하지만 이 내용들이 이해되지 않거나, 지금 당장 받아들이기에 너무 벅차거나, 전혀 와 닿지 않는다고 해도 괜찮다. 신성한 밑그림이라는 개념을 이해하느냐 아니냐와 관계없이, 이 부분을 읽고 있다는 사실만으로도 여러분이 자신의 모든 면을 받아들이고 사랑할 마음이 있다는 뜻이다. 신성한 밑그림이라는 개념을 이해하는 것은 그저 자기를 받아들이고 사랑하는 일의 한 부분일 뿐이다.

다음 장에서는 전생과 환생의 개념, 그리고 이것들이 어떻게 우리의 현재 삶과 연결되어 있는지, 전생과 환생에 관심을 갖는 것이 어떻게 HSP인 자신을 더 잘 이해하게끔 도와주는지 좀 더 자세히 살펴보겠다.

17장

전생
탐험하기

앞 장에 쓴 것처럼, 퇴행 치료(전생 치료) 트레이닝을 받으면서 나는 영혼이 여러 번 반복해서 환생할 수 있다는 사실을 알게 되었다. 그 말은 우리 모두가 수백 번, 심지어는 수천 번의 삶을 살았을 수도 있다는 뜻이다.

앞 장에서 잠깐 이야기한 것과 같이 각각의 생은 영혼에게 소중한 경험을 할 기회를 준다고 여겨진다. 그리고 생이 끝날 때마다 모든 미해결 과제—특히 치유되지 못한 고통이나 트라우마—가 에테르체etheric body(에너지장의 여러 층 중 하나인 오라)에 새겨진다. 그리고 영혼은 이 미해결 트라우마를 치유하기 위해 다시 태어날지 말지를 선택한다.

내 연구에 참여한 HSP 중 많은 사람들이 전생이나 환생의 개념에 관심을 보였다. 그중에는 실제로 전생 퇴행 세션을 받은 사람도 많았다.(전생 퇴행 세션이 어떻게 진행되는지 보려면 아래 상자에 나온 예시를 참고하라.) 많은 사람들이 나나 다른 치료사에게 전생 퇴행 세션을 받고 난 뒤, 오래된 문제나 삶에서 반복되는 패턴들에 눈에 띄는 변화가 있었다고 말했다. 이러한 문제들은 전통적인 상담이나 심리적인 처치로는 해결되지 않던 것들이었다. 육체의 죽음이 끝이 아니며 영혼은 죽지 않고 계속 존재한다는 사실을 알고 깊은 평화와 신뢰를 느꼈다는 사람들도 있었다.

전생 퇴행 세션

퇴행 치료는 보통 내담자가 누운 상태에서 시작한다. 점차 이완 상태로 들어가 떠오르는 문제에 집중하도록 한다. 내담자가 잠재의식에 접속하는 방법에는 세 가지가 있다. 첫 번째 방법은 내가 열에서 하나까지 거꾸로 세는 동안 내담자가 계단을 내려가서 계단 맨 아래에 있는 문을 여는 장면을 상상하는 것이다. 두 번째 방법은 유도 명상인데, 열기구를 타고

올라가 아래에 있는 나라들을 내려다보는 것이다. 세 번째 방법은 아프거나 불편한 신체 부위에 주의를 집중하는 것이다. 보통 이 세 가지 중 한 가지 방법을 쓰면 내담자들이 충분히 이완된 상태에 들어간다. 그러면 전생에 접속하는 데 방해가 되지 않도록 이들의 의식은 길을 비켜주게 된다.

그 사이 내담자들은 대개 자신이 다른 몸과 인격 속에 들어가는 경험을 한다. 그러면 이제 사는 동안에나 죽는 순간에 어떤 트라우마가 있지는 않았는지 그 생에서 일어난 일들을 따라가 보도록 한다. 전생 속의 인물이 한 경험은 내담자의 몸속에서 그대로 경험된다. 멀리 떨어진 관찰자로서 보기만 하는 것이 아니다. 그리고 죽음의 순간에 이르면 전생 인물의 영은 몸을 떠나 영의 세계로 인도된다. 영의 세계에 가면 해당 생에서 해결되지 않은 신체적·감정적·정신적 문제들을 해소하고 치유하는 작업이 이루어진다.('바르도 계' 개념에 대한 설명을 비롯해 이 부분에 대해 더 알고 싶다면 240쪽을 참조) 그리고 세션이 끝나기 전 마지막으로 이 전생의 이야기를 현생에 일어나고 있는 일들과 비교해 보고, 전생의 인물로부터 얻은 깨달음이나 앎을 현재로 가져온다.

'전생'은 어떤 사람들에게는, 특히 환생 개념을 받아들이지 않는 개인적 신념이나 종교를 가진 사람들에게는 민감한 주제일 수 있다. 나도 이 점을 충분히 이해한다. 그러니 여러분이 개인적인 여정의 어느 지점에 있든, 이 장에서 여러분에게 편안하게 느껴지는 것만 가져가기 바란다. 다만 여기에 나온 정보들은 위나프레드 블레이크 루커스Winafred Blake Lucas 박사와 나의 멘토인 로저 울거Roser Woolger 박사와 같은 전문가들이 수년간 시행해 온 임상에 근거하고 있음을 밝혀둔다.

루커스와 울거의 연구 결과는, 전생을 이해함으로써 현생에서 반복되는 문제들이 해결될 수 있다는 점을 분명하게 보여준다. 로저 울거는 이와 관련해서 《다른 삶, 다른 나Other lives, Other selves》와 《전생 치유: 영혼의 수많은 삶을 탐색하다Healing your Past Lives: Exploring the Many Lives of the Soul》라는 두 권의 훌륭한 책을 썼다. 두 번째 책 《전생 치유: 영혼의 수많은 삶을 탐색하다》에서 울거 박사는 전생이 우리의 현생에 어떻게 영향을 미치는지를 이렇게 설명한다. "마음을 컴퓨터에 비유해 본다면, 전생은 컴퓨터가 제대로 돌아가지 못하게 방해하는 오래되고 망가진 프로그램이라고 할 수 있다. 원치 않는데도 지울 수 없는 수많은 파일들처럼 전생은 우리의 정신 깊은 곳에서 끊임없이 돌아가며 자원을 고갈시키고 생각이 작동하는 속도를 훨씬 느리게 해 결국 멈추게 만든다."

HSP가 전생 퇴행 작업을 할 때에는 우리 모두가 좋은 일만이 아니라 '나쁜' 짓을 저지른 생애들도 있다는 사실을 이해하는 것이 중요하다. 매우 민감한 영혼은 그런 어두운 생애들 이후에 변화하는 경우가 많기는 하지만, 대부분은 그들이 과거 생에 저질렀던 나쁜 일들에 대한 죄책감과 수치심을 깊은 상처로 지니고 있다. 따라서 때로는 전생의 문제가 현생 문제의 원인일 수 있다는 점을 아는 것만으로 새로운 깨달음과 변화가 오고 치유의 가능성이 열릴 수 있다.

HSP들에게 흔히 나타나는 전생 문제들

나는 10년 넘게 상담 작업의 일부로 전생 퇴행을 해왔다. 그러면서 HSP 내담자들에게 일관되게 나타나는 전생 문제들이 있음을 알게 되었다. 그 내용을 여기서 나눠보고자 한다. 읽으면서 여러분에게 와 닿는 내용이 있는지 한번 보기 바란다.

버림받음

이 문제는 전생에 HSP가 버림받거나 고아가 되거나 사랑하는 사람들과 헤어진 일과 관련이 있다. 위험한 사건 때문일 수도 있고, 고의적인 것일 수도 있다. 또는 육체로 환생한 다음에 영적인 측면에서 영Spirit이나 신에게 버림받았다고 느낄 수도 있다.

우울과 만성 피로

전생에 해결하지 못한 깊은 슬픔이 있거나, 자살을 했거나, 또는 감당하기 힘들 정도의 절망감을 느낀 이들은 현생에서도 절망감과 우울에 시달리고 생기가 없는 경우가 많다.

끊임없는 죄책감이나 과도한 책임감

이러한 감정은 전생에 아주 잘못된 결정을 내렸거나, 다른 사람을 죽였거나, 혹은 다른 사람의 죽음에 책임이 있는 경우와 관련이 있다. 나의 HSP 내담자 중에는 전생에서 군대의 지휘자였는데 결과적으로 사람들을 죽게 만든 결정을 내렸다고 한 사람이 있었다. 또 어떤 사람들은 여러 생에 걸쳐 종교 의례의 일부로 고대의 희생 제의에 가담했다는 사실을 발견하기도 했다.

두려움(공포증, 불안장애 포함)

두려움은 전생에 탄압, 거절, 박해를 받거나, 익사나 화형 등 트라우마가 될 만한 방식으로 살해된 경험에서 발생하는 경우가 많다.(역사 속에서 수백만 명의 사람들이 이런 종류의 트라우마를 겪었다.)

오래된 건강 문제와 경제적 문제

건강 문제는 각각 치유되지 않은 부상이나 사고, 죽음과 관련 있고, 돈 문제는 평생 지속된 가난이나 결핍과 관련이 있는 경우가 많다.

가족 문제나 인간 관계 문제

가족이나 인간 관계 문제는 전생의 권력 불균형 문제와 관련되어 있을 수 있다. 특히 청산되어야 할 해묵은 원한이라든지, 과거에 간통을 저지른 경우 복수와 관련이 있을 수 있다.

자주성을 박탈당하거나 지배당하는 것

자주성을 박탈당하는 느낌은 전생에 자신의 권력을 오남용한 것과 관련이 있을 수 있다. 과거에 권력을 잘못 사용했기 때문에 앞으로도 부정적인 결과를 가져올까봐 다시 영향력 있는 자리에 오르기가 겁나는 것이다.

이상으로 전생 퇴행 작업 때 나타나는 몇 가지 핵심 주제를 간단하게 짚어보았다. 짧게 살펴본 것이기는 하지만 혹시 읽으면서 몸에 어떤 반응이 있거나 감정이 올라오지 않았는가? 만약 그랬다면 해당 주제와 아주 많은 관련이 있다는 뜻이다. 더 자세히 알아보고 싶다면 로저 울거 박사의 《다른 삶, 다른 나》부터 읽어보기를 권한다.

<hr>

나의 전생 퇴행에서 깨달은 것

현생에서 나에게는 두려움, 권력(힘) 상실, 경쟁과 관련된 패턴들이 많이 나타났는데, 전생 퇴행 세션을 하면서 이런 문제들이 여러 전생에서의 생존 문제와 관련 있었음을 알게 되었다.

2006년에도 바로 그런 일이 하나 있었다. 퇴행 치료 트레이닝을 받기 직전, 나는 잠시 영국에 와 있던 독일 출신의 남자와 사귀고 있었다. 기차역에서 그에게 작별 인사를 하며 손을 흔들고 났는데, 순간적으로 굉장히 선명하게 기시감이 들면서 갑자기 울음이 터지고 말았다. 그런 폭발적인 감정은 내가 그에게 느끼던 애정에 비하면 너무 과도한 것이었다.

그 다음 주에 퇴행 치료 트레이닝을 받던 중 나는 독일의 유태인 수용소 내 가스실에서 죽음을 맞은 전생을 경험했다. 전생의 인물이 되어 실제로 죽음을 맞는 그 순간 재경험한 과거의 트라우마는 무척 끔찍했지만, 현생의 '나'는 내가 지금 그때에 살고 있는 것이 아니라는 사실 역시 알고 있었다. 마치 나의 일부는 전생에 있는 그 인물이고, 또 다른 일부는 현생의 나인 것 같았다. 그 생에서 나는 남자였는데, 아내와 아이들은 다른 기차에 실려 간 상태였다. 그 당시 내 삶의 중심 주제는 살아남는 것과 희망을 버리지 않는 것이었다.

당시 수용소에는 남들이 보지 않을 때 나에게 인정을 베풀어주던 보초병이 한 명 있었다. 그는 나에게 자주 고개를 끄덕이거나 어떤 몸짓을 해주었는데, 덕분에 나는 희망의 불씨를 놓지 않을 수 있었다.—그리고 내 몸은 에테르체(오라)와 세포에 그때의 기억을 그대로 담고 있었다.

나는 이 전생 퇴행 세션을 통해 내가 내적으로 굉장히 강인한 사람임을, 그런 강인함이 있었기에 외부 상황이 감당하기 힘들고 모든 것을 포기하고 싶을 때에도 희망과 신념으로 그 상황을 버텨낼 수 있었음을 깨달았다.

당시에 내가 만나던 그 남자가 전생에서의 보초병인지는 알 수 없다. 하지만 이 세션을 통해 한 가지 확실해진 것은 독일과 나와의 연관성, 그리고 기차역에서 그 남자에게 손을 흔든 것이 이 전생 기억을 촉발시켰다는 점이다. 또한 나에게 남아 있던 전생의 영향을 기억하고 치유하기 위한 내 출생 전 계획의 일부로서 우리가 만나게 되었다는 사실도 분명해졌다.

나에게 남아 있던 전생의 영향은 비인간적인 대우를 받은 데서 생긴 두려움이었다. 어쩌면 그때 포로의 삶을 살았던 것이 이번 생에 내가 교도소에서 수감자들의 재활을 돕는 일에 끌린 이유 중 하나였을지도 모르겠다.

이 전생 경험 후에 내가 오랫동안 겪고 있던 신체적인 문제가 해결되기도 했다. 각종 검사를 하고도 의사들이 명확한 원인을 찾지 못하던 문제였다. 이 세션이 있기 몇 년 전부터 밤에 자다가 숨이 막혀 제대로 호흡을 하지 못하는 일이 발생하곤 했다. 하지만 가스실에서 질식당하던 이 전생 퇴행 경험 이후로 밤에 숨이 막히는 증상이 완전히 사라졌다. 이번 생의 내 주제들에 대해 신체적으로뿐만 아니라 감정적으로도 많은 것을 깨닫게 해준 세션이었다.

전생 퇴행 작업의 치유 효과

퇴행(전생) 치료는 아주 심오한 작업이다. 전생의 트라우마와 기억은 세포 안에 저장되어 몸속 깊숙이 남아 있다. 그래서 퇴행 치료는 몸에도 영향을 미친다. 내 경험상 많은 HSP들이 일반인들보다 세션을 소화하는 데 더 오래 걸렸다. 몸속 깊이 갇혀 있는 무의식적인 감정을 해소하고 전생들로부터 온 부정적인 생각 패턴을 내려놓는 일이 처음에는 힘겹게 느껴지는 경우도 많다.

민감한 기질을 가진 사람들은 태생적으로 무엇이든 깊게 받아들이고 소화하기 때문에, 이런 작업으로 인해 신경계가 과각성되거나 과잉 자극을 받을 수 있다.

당신이 HSP라면 이런 종류의 작업을 할 때 반드시 신뢰할 만한 전생 치료사, 그리고 가능하면 치료사 자신도 HSP인 사람을 찾아야 한다. 당신에게는 민감성 기질을 이해하는 사람, 함께 있을 때 직감적으로 안전하게 느껴지는 사람이 필요하다.

전생 퇴행 작업에서 가장 중요한 것은 세션 중에 드러나는 전생의 이야기나 사건이 아니라 전생에서 해결되지 않은 채 넘어온 생각, 느낌, 감정, 신념을 치유하는 것이다. 전생의 인물이 그 생에서 죽음을 맞는 경우 그들은 빛을 따라가도록 인도받으면서 영이 육체에서 빠져나오는 것을 경험하거나 느끼게 된다. 이 경험이 전생의 인물로 하여금 그 생이 끝났다는 것을 알게 해준다.

그러고 나면 '바르도 계bardo realm'에서 치유 작업이 시작된다. 티베트 불교 전통에 따르면, 한 생과 다음 생 사이의 중간계가 바르도 계로, 영이 다시 인간으로 태어나기 전에 전생의 일들을 내려놓기 위해 시간을 보내는 곳이다. 바르도 계에서 전생의 인물은 이전 생에서 넘어온 강박적이거나 반복적인 생각, 느낌, 두려움을 의식적으로 놓아 보낸다.

바르도 계에서 치유를 하며 보내는 시간은 사람마다 다르다. 어떤 작업을 해야 하느냐에 따라 다른 이들보다 더 오래 걸리는 사람도 있을 수 있다. 하지만 이곳에서는 영적 가이드의 도움을 받을 수 있다.(영적 가이드에 대해서는 19장 참조) 평균적으로 전생 퇴행 세션은 약 두 시간 정도 걸리지만, 대부분의 내담자는 세션 시간을 훨씬 짧게 느끼는 경향이 있다. 그들에게는 시간이 매우 빨리 가는 것처럼 보이기 때문이다.

전생 퇴행 작업이 주는 부수적인 혜택은 현재 삶에서 느끼는 죽음에 대한 두려움이 모두 사라지게 도와준다는 점이다. 전생 퇴행을 할 때 우리의 '영체spirit body'가 빛the Light을 향해 나아가는 느낌을 경험할 수 있기 때문이다. 이러한 경험은 육체적 죽음이 단지 다음 세계로 넘어가기 위해 거치는 하나의 변이 과정에 불과하다는 사실을 깊이 깨닫게 해준다.

온전함을 향한 여정에서 퇴행 치료가 일부 HSP에게 중요한 치유의 도구가 될 수 있다는 점이 이 장을 통해 잘 전달되었기를 바란다.

다음 장에서는 많은 HSP들이 자주 겪는 어려움을 이른바 '영혼의 관점'이라고 부르는 시각에 입각해서 집중적으로 다루어보겠다. 다음 장을 통해서 우리가 맞닥뜨리는 어려움이나 문제를 에고의 관점이 아닌, 더 높은 관점에서 바라보는 법을 배울 수 있을 것이다. 아울러 우울감, 향수병, 두려움, 분노 등 HSP들이 자주 직면하는 주된 '영혼의 도전 과제'에 대해서도 살펴볼 것이다. 여러분에게 도움이 되는 내용이길 바란다.

18장

영혼의 관점에서
바라보기

이 장에서는 '많은' 생에 걸쳐 HSP들이 맞닥뜨릴 수 있는 몇 가지 주된 감정적 어려움에 대해 살펴보고자 한다. '영혼의 도전 과제soul challenge'라고도 불리는 이 어려움에는 영적인 향수병이나 두려움, 분노 등이 포함된다. 이러한 어려움에 대해 아는 것만으로도 HSP들에게 커다란 위안이 될 수 있지만, 이 장에서는 한 걸음 더 나아가 HSP들이 그러한 어려움을 영혼의 성장을 위한 기회로 볼 수 있도록 돕고자 한다.

이미 영적인 길을 가고 있는 HSP들도 가끔 삶의 모든 것이 순조롭고 '사랑과 빛'으로만 가득해야 한다고 오해하는 경우가 있다. 하지만 16장에서 살펴봤듯이, 영혼의 차원에서 HSP는 더 어려운 도전 과제를 마스터하기로 선택하는 경우가 많다. 따라서 그에 따른 감정적인 어려움을 겪을 수밖에 없다.

어두운 감정을 겪거나 빛을 찾기 어려운 시기를 지날 때에는 의구심이 일면서 길에서 벗어나거나 더 높은 차원의 존재에 대한 믿음을 잃을 수 있다. 하지만 이런 때야말로 우리가 신뢰와 믿음이라는 영적인 교훈을 마스터해야 하는 시기이다. 우리가 느끼지 못할 때에도 영이 언제나 우리와 함께한다는 사실을 기억해야 한다. 고난에서 빠져나가는 길이 보이지 않을 때에도 영은 늘 우리와 함께 있다. 영은 가장 어두운 골목이야말로 결국에는 가장 밝은 빛을 향해 가는 길이라는 사실을 우리가 깨닫도록 도와준다. 핵심은 이 어두운 시간들에 어떻게 대처하느냐이다.

높은 차원의 지혜를 신뢰한다는 것: 당나귀와 우물 이야기

우화 중에 당나귀와 우물 이야기가 있다. 이 우화는 우리 안에 언제나 신성함이 자리하고 있으며, 의식의 차원에서는 상황을 해결할 실마리가 전혀 보이지 않을 때에도 우리 안의 신성함이 '영적 해결책'을 찾을 수 있다는 걸 보여준다.

한 농부의 당나귀가 깊고 어두운 우물에 빠지고 말았다. 농부가 어찌해야 할지 방법을 찾는 동안 당나귀는 몇 시간이나 구슬피 울어댔다. 당나귀를 꺼낼 방법을 찾지 못한 농부는 당나귀의 고통을 멈춰주는 수밖에 없다는 결론을 내렸다. 농부는 이웃 사람들에게 나와서 함께 우물을 메워달라고 부탁했다. 이웃 사람들은 모두 삽을 들고 나와 흙을 퍼넣기 시작했다.

처음에는 당나귀가 끔찍할 정도로 울부짖었다. 그러더니 신기하게도 조용해졌다. 몇 차례 더 흙을 퍼 넣은 뒤 우물 안을 들여다본 농부는 깜짝 놀랐다. 흙 한 삽이 등 위로 떨어질 때마다 당나귀가 뭔가 놀라운 행동을 하고 있었던 것이다. 당나귀는 등에 쌓인 흙을 탁탁 털어내고 그 위로 올라섰다. 이웃들이 당나귀 위로 흙을 퍼부을 때마다 당나귀는 흙을 털어내 바닥에 쌓은 뒤 그 흙 위로 올라섰다. 얼마 지나지 않아 이 강인한 당나귀가 우물 밖으로 나와 주인에게 걸어가는 것을 보고 사람들은 모두 감탄했다.

이 이야기의 교훈이 뭐냐고? 음, 삶은 우리 머리 위로 흙더미와 쓰레기를 쏟아 부을 것이다. 때로는 아주 많이! 우리가 빠진 깊은 우물(또는 절망의 구렁텅이)에서 빠져나오는 비결은 쏟아진 흙과 쓰레기더미를 발판으로 삼아 딛고 올라서는 것이다. 한 번 이렇게 할 때마다 점점 더 빛에 가까워질 것이며, 마침내 자유를 찾게 될 것이다.

영혼의 도전 과제에 맞닥뜨렸을 때 도움이 되는 기법

HSP들이 이러한 '영혼의 도전 과제'에 맞닥뜨렸을 때, '영혼의 관점' 혹은 '영혼의 알아차림'이라 불리는 시각을 EFT 기법에 접목하면 효과가 좋다.

먼저 평소에 하던 대로 문구를 읊으며 EFT 사이클을 반복해 모든 부정적인 감정을 해소한다.(12장에 자세한 방법이 나와 있다.) 예를 들어 "비록 지금 겪는 어려움들이 감당하기 너무 어렵게 느껴지기는 하지만, 나는 나 자신과 내 감정을 있는 그대로 받아들인다"라는 문구를 읊을 수 있다. 그런 다음 '극단으로 내몰리는 것 같다. 더 이상은 못하겠어' 같은 부정적인 생각이나 느낌, 감정을 표현하면서 EFT 사이클을 반복한다.

긍정적인 확언이나 생각을 하면서 태핑을 하는 순서에 이르면, 거기에 '영혼'의 시각을 더해 심오한 차원에서 지금 괴로움을 겪는 이유가 무언지를 표현해 본다. '아마 내가 혼의 차원에서 ○○○(예를 들면 강인함, 인내심, 내적인 힘)을 마스터하는 법을 배우는 중인 것 같다. 내 영혼은 내가 감당할 수 없는 일은 절대 주어지지 않는다는 걸 알고 있다' 같은 문장이 나올 수 있다. 이런 식으로 EFT에 영혼의 관점을 더하면, 힘든 상황을 더 높은 차원의 배움과 영혼의 성장을 위한 영적 시험으로 바라볼 수 있다.

영혼의 주요 도전 과제

내가 만난 HSP 내담자들이 직면해야 했던 다양한 종류의 감정적인 어려움—전생에 뿌리를 둔 것으로, 반복해서 발생하는—을 아래에 나열해 보았다. 그리고 이어서 여러분이 영혼의 지혜와 안내에 접속해 도움을 받을 수 있도록 짧지만 효과적인 유도 명상문을 실었다.

우울감이나 '향수병'

4장(56쪽 참조)에서 소속감을 느끼지 못하는 문제에 대해 언급했는데, 일부 HSP들에게는 이것이 '지구에 속하지 않은 듯한 느낌'이나 '영계靈界로 돌아가고 싶은 간절한 바람' 같은 것으로 더 심화되는 경우도 있다. 이러한 소외감 때문에 우울감이나 이른바 '영적 향수병'이 촉발될 수 있다. 이 영적 향수병은 일부 HSP들에게는 말로 꺼내기 가장 어려운 문제 중 하나이기도 하다. 그들이 느끼는 감정이 영적 향수병이라는 것을 모르는 경우도 많고, 그걸 다른 사람에게 이야기했다가 정신병자 취급을 받거나 자살 충동을 느끼는 것으로 오해받을까봐 두려워하기도 한다. 하지만 영적 향수병은 정신 질환도 아니고 자살 충동도 아니다. 그런 것들과는 완전히 다르다.

내가 조사한 바에 따르면 많은 HSP들이 다양한 강도로 이러한 향수병을 느끼고 있었다. 다음은 이 감정에 대해 나의 내담자들이 들려준 이야기이다.

"지난 세월 동안 저는 너무 우울해서 여기 있고 싶지 않았어요. 자살하고 싶었다는 뜻은 아니고요. 말로 설명하기는 어려운데…… 향수병을 앓는 것 같은 느낌이랄까요? 하지만 영과 나의 상위 자아에 깊이 연결될수록 여기에서 지내는 게 수월해지고 있어요. 삶은 동시성과 마법으로 가득해요. 당연히 힘들 때도 있고 시련도 찾아오지만, 이제는 제가 어디에서 왔고 무엇을 하러 이곳에 왔는지 알고 있어요. 저는 정말 축복받은 사람이에요."

"열다섯 살 무렵부터 향수병에 걸린 듯한 기분이 들었던 거 같아요. 어쩌다 한 번씩 그런 기분이 들곤 했어요. 그때도 지금도 무엇이 그런 기분이 들게 만들었는지 콕 집어 말할 수는 없어요. 갑자기 한 번씩 드는 거라서요. 명치끝에서 그런 기분이 느껴지는데, 그럴 때는 거의 울고 싶은 심경이 돼요. 그리움이 너무 강해서 이곳에 있는 모든 걸 다 버리고 제가 갈망하는 그곳으로 떠나고 싶어지죠. 지금도 자주 그런 기분이 들지만, 이제는 왜 이런 일이 일어나는지 알기 때문에 너무 걱정하지 않고 그냥 그런 기분이 들게 놔둘 수 있어요."

이러한 느낌을 치유하기 위해서는 '집'이 우리 안에 있다는 사실을 깨달아야 한다. 영이 우리 밖이 아니라 우리 안에 살고 있다는 사실을 이해하면, 그 '집'이 곧 우리 안에 있다는 것을 알 수 있을 것이다. 그런 점에서 이 장의 끝부분에 영이 우리 안에 살고 있음을 깨닫도록 도와주는 유도 명상문을 실었다.

두려움

HSP들이 여러 생에 걸쳐 맞닥뜨리는 또 하나의 어려움은 두려움이다. 영혼의 관점에서 보면 두려움은 자기 자신이나 삶에 대한, 나아가서는 신(또는 근원이나 우주)에 대한 신뢰가 없기 때문에 생기는 것이다. 두려움은 우리가 직관이나 가슴의 소리, 진실한 느낌에 연결되는 걸 방해한다. 두려움으로부터 자유로워지는데 있어 핵심은 한 걸음 물러나 관찰자가 되는 것이다. 그리고 우리가 곧 두려움은 아니며, 우리가 느끼는 다른 감정 역시 우리가 아니라는 점을 기억해야 한다. 우리는 인간의 몸을 입은 영혼이다. 성장과 진화를 위해 이곳에 와 폭넓은 감정과 느낌을 경험중인 영혼인 것이다.

감정의 파도가 거칠게 몰려올 때 이 점을 기억해 두면 도움이 될 것이다. 파도는 점점 치솟아 가장 높은 지점에 이른 뒤에야 비로소 부서져 내린다는 걸 말이다. 영혼으로서 우리는 파도 타는 법을 배울 수 있다. 우리는 서퍼surfer이고 에고는 서핑 보드이다. 서핑 보드는 감정적으로 상처받고 멍들 수 있지만, 영혼은 모든 경험에 배움과 성장이 있다는 사실을 알고 있다. 파도가 잔잔할 때도 있고 거칠 때도 있을 것이다. 하지만 서퍼는 파도가 어느 정도 있을 때에만 연습을 할 수 있다. 적당히 파도가 쳐야 서퍼가 기술을 익히고 마침내 달인의 경지에 오르게 되는 것이다.

분노

HSP의 경우 화의 감정은 불공정함을 느낄 때나 과거 생들에서 부당함과 박해에 부단히 항거한 경험이 있을 때 많이 올라온

249

다. 부당함에 대한 분노는 많은 HSP들을 영혼의 차원에서 지치게 만든다. 하지만 분노는 세상에 이미 존재하는 갈등에 갈등을 한 술 더하는 결과를 가져올 뿐이다. 그러므로 우리의 진정한 영적 소명은 우리가 겪는 어려움을 영혼의 눈을 통해 바라봄으로써 이를 더욱 깊은 차원에서 이해하는 것이다.

우리가 에고의 눈이 아닌 영혼의 눈을 통해 볼 수 있다면, 분노와 같은 감정적인 반응을 덜 하고, 어려움 속에 들어 있는 교훈과 선물을 영혼의 차원에서 이해할 수 있을 것이다. 아래의 유도 명상문이 영혼의 눈을 통해 볼 수 있도록 도와줄 것이다.

유도 명상: 영혼과 만나기

여기에 나온 짧은 명상은 HSP들이 감정적인 어려움을 '영혼의 관점'으로 더 넓게 바라보도록 도와줄 것이다. 영혼의 관점에 연결되면 현생의 것만이 아니라 과거 다른 생들로부터 온 어려움 속의 교훈과 선물도 발견할 수 있을 것이다.

명상을 처음 해보는 사람이라면 그저 가슴에 귀 기울이고 거기에서 전해지는 모든 것을 신뢰하면 된다. 맞거나 틀린 대답은 없으며, 바로 대답을 얻지 못한다고 해도 걱정할 필요 없다. 연습하면 된다. 대답은 이미지, 소리, 신체적 감각, 감정 등 온갖 형태로 나타난다. 심지어 나중에 꿈에서 나올 수도 있다.

1. 조용하고 편안한 장소를 찾아 앉거나 눕는다. 몇 차례 깊이 숨을 들이쉬고 내쉬면서 몸에 있는 긴장을 모두 흘려보낸다. 호흡에 집중하면서, 하나부터 넷까지 세며 숨을 들이쉬고, 다시 하나부터 넷까지 세며 숨을 내쉰다. 필요한 만큼 반복한다.

2. 눈을 감고 가슴 차크라에 주의를 기울인다.(가슴 차크라에 대해서는 184쪽 참조) 황금빛 태양이 가슴 한가운데서 빛을 뿜어내는 장면을 상상한다. 태양의 황금빛 줄기가 몸 전체를 채우고, 몸 바깥으로 퍼져나가 오라를 채운다. 엉덩이나 발(바닥이나 의자에 앉아 있는 경우) 또는 등(누워 있는 경우)이 당신 아래에 있는 땅에 단단히 뿌리 내리는 것을 느껴본다. 소리 내어 혹은 속으로 의도를 세운다. 상위 자아(또는 신성)와의 연결을 요청하고, 현재 직면하고 있는 어려움에 대해 안내해

달라고 부탁한다.

3. 이제 언덕이나 산의 아래쪽에 서 있는 자신의 모습을 상상한다. 길을 따라 걸어서 올라가기 시작해 꼭대기에 닿을 때까지 계속 높이 올라간다. 산꼭대기에 도착하면 몸을 정화해 주는 깊은 호흡을 몇 번 한 다음 아름다운 풍경을 바라본다. 1~2분이 지나자 어떤 사람 또는 빛의 존재가 당신에게 걸어와 인사를 한다. 그 존재와 함께 앉아 그에게 현생에서 당신 영혼의 여정에 대해 궁금한 점을 모두 물어본다. 직면하고 있는 어려움에 대해서 조언을 구할 수도 있고, 그런 경험으로부터 무엇을 배우고 있는지 물어봐도 된다. 필요한 만큼 함께 시간을 보낸다.

4. 당신에게 알려주고 싶은 것들을 모두 알려주고 나면, 상위 자아가 헤어지기 위해 그만 일어날 것이다. 작별 인사를 하면서 감사함을 전하거나 포옹을 한다. 이 성스러운 장소에서 언제나 그와 다시 만날 수 있다. 준비가 되면 산을 걸어 내려오기 시작한다. 산에서 다 내려오면 눈을 뜬다.

19장

보이지 않는
세계로부터의 도움

힘든 시기를 보낼 때에는 흔히 깊은 고독감을 느끼게 마련이다. 애초에 이 세상과 전혀 '맞지 않는다'고 느껴온 HSP라면 더 그럴 것이다. 하지만 앞 장에서도 말했듯이, 영적인 관점에서는 이번 생에서든 다른 삶에서든 어려움에 직면했을 때 결코 혼자인 사람은 없다는 점을 기억하는 것이 중요하다. 영은 우리 내부에 고차원적인 지혜의 형태로 존재하기도 하지만, 나를 비롯해 많은 사람들이 우리를 지지하고 안내하는 영적 도우미 팀이 우리 눈에 보이지는 않아도 실제로 존재한다고 믿고 있다.

세상의 거의 모든 종교가 천사의 존재를 인정한다. 내가 믿는 종교에서도 우리를 격려하고 보호하는 주된 영적 안내자(및 다른 안내자들) 외에도 사람마다 각각 수호천사가 있어서 늘 곁에서 함께한다고 가르친다. 주된 영적 안내자는 지구에서 여러 번의 생을 살면서 지구 삶이주는 많은 도전 과제들을 마스터한 존재라고 여겨진다. 따라서 이들은 지혜롭고 진화된 영혼들이다. 그 반면 천사는 필요하면 인간의 형상을 취할 수는 있지만 실제로 지구에서 살아본 적은 없는 존재들이다.

영적 안내자와 수호천사 모두 우리를 열렬히 응원하고 있으며, 우리가 도움을 요청하기만을 기다리고 있다. 이들에게 도움을 요청하는 가장 쉬운 방법은 "수호천사와 나의 영적 안내자님, 제가 ○○○ 할 수 있게 도와주셔서 감사합니다"라고 말하는 것이다. 이들을 여러분의 절친이라고 생각하라. 이들에게 못할 이야기란 없다. 여러분이 겪고 있는 곤란한 점이나 힘든 점을 이야기하라. 그러고 나면 마음이 좀 가벼워질 것이다.

HSP들은 다른 사람들보다 자신의 영적 도우미들을 더 잘 알아차리는 경우가 많다. 대개는 높은 감각 처리 민감성으로 인해 미묘한 에너지를 잘 느낄 수 있기 때문이지만, 치유 능력이나 초자연적인 능력을 타고나기 때문이기도 하다. 하지만 많은 HSP들이 천사나 영적 안내자의 존재를 믿고 있기는 해도 모든 HSP가 그렇지는 않다는 사실을 알아두는 것이 중요하다. 우리는 모두 다르며 각자가 고유하고 독특한 존재이기 때문이다. 그리고 모두 다르다는 건 좋은 일이다.

당신이 수호천사나 영적 안내자의 존재를 믿기로 했거나 이들과의 연결감을 느끼고 있다면, 당신의 안내자와 천사 들은 무척 기뻐할 것이다! 이들은 우리를 도우려고 거기 있는 것이며, 도울 준비가 되어 있고, 우리의 요청을 기다리고 있다. 우리가 이들을 필요로 할 때면 언제라도 말이다. 너무 자주 도움을 요청하는 것이 아닐까 걱정하는 HSP들이 많은데, 부디 그런 걱정은 접어두기 바란다. 영적 안내자와 천사 들에게는 마음껏 바라고 얼마든지 요청해도 된다. 여러분을 향한 이들의 사랑은 무조건적이다. 그러니 오늘 당장 이들과의 연결을 시도해 보기 바란다. 앞 장에서 소개한 '영혼과 만나기' 명상을 한번 해보라. 이 명상을 다시 해보되, 이번에는 산꼭대기에서 당신의 수호천사나 주된 안내자를 만나겠다고 의도를 세운다.

매우 민감한 아이였던 나에게는 영적인 존재를 보고 느끼는 것이 자연스러웠다. 가장 신기했던 경험 중 하나는 천사들이 내 방에 나타난 것이었다. 그때 정확히 몇 살이었는지는 잘 기억나지 않지만, 아마 대여섯 살쯤이었던 것 같다. 저녁에 방에서 내가 제일 좋아하는 장난감을 가지고 놀고 있었는데, 갑자기 복숭아색 같기도 하고 연분홍색 같기도 한 생전처음 보는 아름다운 빛이 방 안을 가득 채웠다. 천사들에게는 얼굴이 없었다. 그들

빛으로 빛났고, 내가 한 번도 느껴보지 못한 종
　　을 뿜어냈다. 나는 그때의 기억을 한 번도 잊은 적이
없다. 지금도 그 장면을 생생히 기억할 수 있다. 책의 초반부에
서 얘기했다시피 나는 이러한 영적·초자연적 경험을 아무에게
도 이야기하지 않는 법을 배웠다. 하지만 할머니는 예외였다. 할
머니도 초자연적인 능력을 갖고 계셨다. 할머니는 찻잎으로 점
을 칠 줄도 아셨다. 하지만 주변 친지들에게는 그들이 믿고 있는
종교 때문에 이런 얘기를 공개적으로 하신 적이 없다. 그리고 자
라면서는 천사들의 존재를 눈으로 보기보다는 몸으로 느끼거나
감지하는 일이 많아졌다.

　　나의 수호천사와 안내자는 언제나 내가 그들의 존재를 느낄
수 있게 해주었다. 위기 상황이나 트라우마를 겪을 때에는 더 그
랬다. 내가 완전히 바닥을 치고 영의 세계를 향해 도와달라고 울
부짖었던 적이 몇 번 있었다. 그럴 때마다 그들은 내가 마주한
어려움이나 도전 과제를 헤쳐 나갈 수 있도록 도와주고 안내해
주었다. 또한 살면서 지금까지 꿈에 나타나 내게 필요한 안내와
정보를 주는 일도 많았다.

　　하지만 그들과의 연결감이 훨씬 강력해지고 어린 시절의 초
자연적 능력이 다시 살아난 것은 스물여덟 살이 되어서였다. 초
자연적인 능력이 왜 딱 그때 가서야 꽃피웠는지는 잘 모르겠다.

당시에 한 상담사와 치료 작업을 하던 중이어서일 수도 있고, 영혼의 계획에 의한 것일 수도 있다. 아니면 내가 더 이상 그런 능력을 억누르거나 숨기지 않아서일 수도 있다.

많은 HSP들이 자신의 초자연적·직관적인 경험을 부인한다. 이는 곧 그들이 자신의 그림자(69쪽 참조)에 억눌려 있거나 갇혀 있다는 뜻이다. 교도소에 근무하는 동안 동료들에게 나의 영적·초자연적 경험을 이야기했을 때, 그들 가운데 많은 이들이 남들 몰래 나에게 자신의 경험을 얘기해 주었다. 개중에는 교도관 모습을 한 유령 같은 것을 보았다거나 밤 근무를 서는 동안 빈 복도에서 그 교도관들의 영혼이 열쇠를 쨍그랑거리는 소리를 들었다는 사람도 있었다. 하지만 전에는 놀림거리가 되거나 미친 사람 취급을 받을까봐 이런 얘기를 털어놓는 건 꿈도 꾸지 못했다고 한다. 초자연적인 경험이 있다면 그런 이야기를 억누르기보다는 이를 이해할 만한 사람이라든지 영과 작업하는 사람과 나누는 것이 좋다.

많은 심령주의 교회spiritualist church나 자연 치유 센터에서 초자연적·영적 자기 계발 수업을 열고 있다. 이런 곳이 여러분의 경험을 공유하거나, 여러분이 갖고 있을지 모르는 초자연적·영적 능력을 이해하고 계발하는 좋은 출발점이 되어줄 수 있다.

여러분이 영적인 존재들과 연결되기로 결심했다면 초자연적인 능력을 개발하는 작업을 하기에 앞서 13장에 나와 있는 에너지 보호 기법들을 실천하는 것을 잊지 말기 바란다. 에너지 보호 기법을 실천하는 것은 연습으로서도 좋지만, 부정적인 영이나 외부 존재가 들러붙는 것을 방지하기 위해서도 취해야 할 중요한 조치이다. 부정적인 영이나 외부 존재에 대해서는 다음 장에서 자세히 살펴보기로 하자.

20장

길 잃은 영혼에
대하여

앞 장의 마지막 부분에 언급되었던 '유령'을 가리키는 또 다른 말로 '지박령地縛靈'(earthbound soul, 땅에 얽매여 있어 저승으로 떠나지 못하고 있는 영혼―옮긴이)이 있다. '얽힌 영spirit attachment' 또는 '길 잃은 영혼lost soul'이라고 부르기도 하며, 이미 죽은 사람들의 영이 살아있는 사람들에게 들러붙은 것을 말한다. 지박령들은 어떤 이유에서든 영계로 넘어가지 않고 지상에 남아 있는 영혼들이다.

HSP들은 이러한 영혼이 존재한다는 사실을 잘 알아둘 필요가 있다. 태생적으로 감정이입 능력이 뛰어나고 동정심이 깊어서 지박령의 얽힘에 취약할 때가 있기 때문이다. 또 지박령들은 도움을 구하는 영혼이라고 할 수 있는데, 많은 HSP들이 '남을 돕는' 직업에 종사하고 있기 때문이기도 하다.

이 장에서는 여러분에게 얽힌 영이 있는지 알아보는 방법과 얽힌 영이 있는 것 같을 때 대처하는 방법을 안내하고자 한다. 또한 지박령이 붙지 않도록 스스로 보호할 수 있을 뿐 아니라 필요한 경우 도움을 받을 훈련된 전문가들이 있으니 안심해도 좋다는 이야기를 전하고자 한다.

많은 사람들이 지박령을 주제로 흥미로운 책을 썼다. 그중에는 에디트 피오리Edith Fiore 박사가 쓴《편히 눈감지 못하는 사람들The Unquiet Dead》과 윌리엄 J. 볼드윈William J. Baldwin이 말년에 쓴《빙의 치료Spirit Releasement Therapy》도 있다.《빙의 치료》에서 볼드윈은 이렇게 말한다. "방대한 현대 의학 자료가…… 죽은 사람들의 영이 산 사람에게 육체적으로나 정신적으로 연결되거나 달라붙어 영향을 끼치며 그 결과로 육체적·감정적 질병이나 증상을 일으킬 수 있다는 증거를 제시하고 있다."

영의 얽힘을 스스로 푸는 방법에 관심이 있는 HSP들은 에디트 피오리의 책에 나오는 '탈脫빙의depossession' 장을 읽어보기 바란다.('탈빙의'라는 단어가 퇴마退魔에 관련된 이미지를 연상시키는 경우가 많은데, 탈빙의는 퇴마가 아니니 걱정하지 말기 바란다!) 이런 작업을 할 때는 전문 트레이닝을 받은 영혼 얽힘 치료사나 영적 힐러에게 찾아갈 것을 권하고 싶다. 지박령이 어떤 문제를 가지고 있을지 알 수 없기 때문이다. 그들이 트라우마를 겪은 영혼이거나 좋지 않은 행동을 하는 경우라면 더욱 그렇다. 심리학자나 정신과 의사들 중에 영혼 얽힘을 치료하는 사람들이 많이 있다. 나도 퇴행 치료 트레이닝을 받을 때 영혼 얽힘 치료를 배웠다.

지박령의 종류

나의 스승 로저 울거도 영혼 얽힘을 치료하는 작업을 했는데, 내가 얼마나 많은 지박령이 있고 무슨 이유로 사람들에게 달라붙는지 배운 것도 울거 선생님과 함께 일할 때였다. 이쯤에서 대부분의 지박령들이 부정적이거나 못되지 않았으며, 그저 갇혔거나 길을 잃었거나 현실 분간을 잘 못하는 것일 뿐이니 무서워하지 않아도 된다는 점을 말하고 싶다. 이들도 궁극적으로는 평화와 행복, 빛을 찾고 있을 뿐이다. 우리 모두가 그런 것처럼 말이다!

때때로 조상들이나 사랑하는 사람들이 지상에 남아 있는 경우가 있다. 아직 처리해야 할 일이 남아 있다고 생각하기 때문이다. 성城이나 고대 유적지처럼 특정 장소나 환경과 관련이 있어서 남아 있는 영혼도 있다. 이들은 그런 장소에서 싸웠거나 그 장소를 지키다가 죽은 이들로 여전히 그곳에 머물며 싸워야 한다는 의무감을 지니고 있는 것 같다. 감옥에 사는 지박령들도 있는데, 많은 교도관들(과 죄수들)이 삶의 대부분을 감옥에서 보내다 보니 그 생활에 너무 익숙해져 몸이 죽은 뒤에도 그곳을 떠나기 어려워하는 것이라 여겨진다.

사고와 같은 트라우마로 세상을 떠난 영혼 가운데는 사고 현장에 계속 머무는 경우도 있다. 또 병원이나 정신 병원에 남아 있는 영혼들도 있다. 내 영적 가이드가 해준 말에 따르면, 세상을 떠난 영혼이 충격이나 혼란에 빠져 있는 동안 그들의 수호천사가 함께 있으면서 어떤 일이 일어났는지 설명해 주고 그들을 빛으로 안내한다고 한다. 만약 영혼이 여전히 떠나기를 원치 않는다면 수호천사는 그들의 자유 의지를 존중해 주어야 한다. 하지만 그런 경우에도 수호천사가 그들과 계속 함께 있으므로 이 영혼들이 혼자되는 일은 절대 없다.

자살한 사람들 가운데 종교적 신념에서 비롯한—특히 자살을 하면 지옥에 간다는 믿음을 갖고 있는 경우에—죄책감이나 두려움 때문에 떠나지 못하고 지구에 남아 있는 영혼들도 종종 있다. 다시 한 번 나의 안내자들과 천사들에게 들은 바대로 말하자면, 자살한 영혼들도 모두 무조건적인 사랑을 받으며 빛으로 안내받는다고 한다.

복수를 하거나 힘을 얻고 싶어서 지상에 남아 있는 영혼들도 있다. 이런 부류의 얽힌 영혼을 떼어내기 위해서는 반드시 상담이나 치료 경험이 있는 전문가와 작업해야 한다. 저항이나 심리조종 같은 문제가 있을 수 있기 때문이다. 혹시라도 이런 부류의 영혼이 여러분의 삶에 얽혀 있다는 직감이 든다면, 반드시 영혼 얽힘 치료사나 힐러의 도움을 받기 바란다. 상담사 트레이닝을 받았거나 자격증을 갖춘 사람이면 더 좋다.

영혼 얽힘이 있을 수 있다는 신호

영적 힐러로서 트레이닝을 마친 뒤 나는 나를 찾아온 내담자들에게 지박령이 붙어 있다는 느낌을 받을 때가 가끔 있었다. 그런 경우 내담자들은 "지금 제가 전혀 제가 아닌 것 같아요" "제가 누구인지 더 이상 모르겠어요" "○○○ 이후로 뭔가 허전해요" 같은 말을 한다. 그러면 나는 영혼 얽힘을 보여주는 다른 신호가 있는지 살펴본다.

영혼 얽힘이 있음을 알려주는 신호로는 활력 저하, 기진맥진함, 불면증, 통증, 두통과 같은 신체적 문제가 뚜렷한 이유 없이 나타난다거나, 또는 기억력 저하, 집중력 부족, 갑작스런 불안이나 우울, 감정 기복, 평소답지 않게 술이나 약물을 남용하는 행위 같은 감정적·정신적 문제가 나타나는 것 등이 있다. 만약 어떤 사람이 의사에게 이러저러한 증상이 있다고 진단을 받았는데 그 증상에 대해 의학적으로 뚜렷한 이유를 찾을 수 없다고 한다면 지박령에 얽혔을 가능성이 크다.

HSP들은 다음과 같은 이유로 이러한 지박령들이 달라붙기 쉬울 수 있다.

- 지박령들은 HSP가 지닌 몹시 섬세하고 가벼운 에너지와 그들의 직감 능력에 잘 이끌린다.
- 지박령들은 또 HSP가 지닌 감정이입 능력과 민감함에 끌린다.
- HSP들은 일종의 방어 전략으로서 종종 '해리dissociation'되거나 유체이탈을 한다. 아이를 학대하거나 아이에게 유해한 환경의 가정, 역기능적인 가정에서 자란 경우에는 더더욱 그렇다. HSP들은 유체이탈out-of-body experiences(OoBEs)이나 근사체험near-death experiences(NDEs)을 통해서 몸을 떠난 경험이 있을 수 있는데, 이것이 그들의 오라를 취약하게 만든다.
- 감정이나 과각성을 무디게 하기 위해 술이나 약물을 사용하는 HSP들도 있다. 술이나 약물 같은 물질을 지속적으로 취하면 오라가 약해지고 결국에는 구멍이 뚫려 지박령 같

은 외부의 존재들이 들어오는 입구가 생길 수 있다. 물론 이러한 현상은 HSP가 아닌 사람에게도 나타날 수 있다.

- 많은 HSP들이 선천적으로 초자연적 능력을 타고난다.
- 많은 HSP들이 다른 사람들을 구제하고 구원하기 좋아하므로, 구원과 구제가 필요한 지박령들이 들러붙을 수 있다.
- 명상을 하기 전에 에너지 보호를 한 적이 한 번도 없는 경우, 또는 내담자와 치유나 초자연적 작업(종류는 관계없음)을 하기 전에 아무런 에너지 보호를 하지 않은 경우에 지박령과 얽힐 수 있다.

지박령과 영적 안내자, 천사를 어떻게 구분하는지 물어보는 HSP들이 많다. 간단히 말하면 여러분의 직관을 신뢰하라. 그들이 긍정적인 느낌을 주는가, 부정적인 느낌을 주는가? 천사나 영적 안내자는 언제나 긍정적이고 사랑이 넘치며, 응원하고 격려하는 느낌을 준다. 그들의 에너지는 훨씬 섬세하고 가벼우며 기분을 끌어올려 준다. 그들은 여러분을 무겁거나 지치게 또는 기진맥진하게 만들지 않는다. 부정적인 메시지를 주지도 않고, 자신이나 타인을 해치라고 말하지도 않는다.

영혼의 얽힘을 해소하기

HSP 내담자들의 영혼 얽힘을 풀어주는 일을 하던 때(지금은 하지 않는다), 나는 마치 상담받으러 온 내담자를 대하듯 지박령들에게 말을 걸곤 했다. 내 소개를 하고, 그들에 대한 기본 정보를 얻고, 그들이 내 고객에게 붙은 지 얼마나 되었는지, 왜 그 사람을 택했는지 물어본다. 그리고 자신이 이미 죽었고 이제는 몸이 없다는 사실을 알고 있는지 조심스레 물어본다. 자신이 죽었는지 헷갈려하는 경우에는 심장이 뛰는 걸 느낄 수 있는지 물어본다. 바로 그때—심장이 뛰는 것이 느껴지지 않을 때—가 그들이 더 이상 이전의 자기 몸에 들어 있지 않음을 깨닫는 순간이다.

나는 그들에게 죽기 전에 마지막으로 기억나는 것이 무엇인지(예를 들어 사고가 났다거나 병원에 있었다거나) 물어본다. 그리고 그들이 이곳에 남아 있는 이유가 무엇인지, 혹은 누구를 찾고 있는지 물어본다. 이유를 듣고 나면 나는 그들에게 당신이 찾고 있는 사람이 더 높은 차원에서 당신을 기다리고 있다고 이야기하고, 그곳에 가서 그들을 만날 준비가 되었는지 묻는다. 대부분은 그렇다고 대답한다! 만약 그들이 찾는 사람이 아직 이곳에 살아있는 경우, 나는 더 높은 차원에 올라가면 그들이 찾고 있는 사람과 연결되거나 그들을 도와줄 기회가 훨씬 많다고 설명해 준다. 이렇게 하면 대부분은 그들을 제 갈 길로 보낼 수 있다.

물론 곧바로 떠나지 않으려고 해서 몇 번 더 세션이 필요한 지박령들도 있다. 하지만 영혼 얽힘에 대해 여러분이 걱정할까봐 좀 더 이야기하자면, 내가 상담일을 하는 동안 지박령이 붙은 HSP를 본 일이 아주 많지는 않았다. 설사 HSP에게 지박령이 붙었다 하더라도, 이유가 뭐든 그것은 대부분 일시적인 현상에 불과했다는 점을 말해두는 것도 중요할 것 같다.

나의 영혼 얽힘 경험

지금은 나 자신을 보호하는 법과 영혼 얽힘을 푸는 방법을 배웠지만, 그러기 전에는 나에게 달라붙은 지박령을 떼어내는 세션을 받아야 하는 때가 몇 번 있었다.

첫 번째로 지박령이 달라붙은 것은 아들을 낳고 유체이탈 경험을 한 직후였다.(217쪽 참조) 갓 태어난 천사 같은 아들과 함께 집으로 돌아갔는데 몸 상태가 영 좋지 않았다. 마치 힘 있는 무언가가 나에게 작용하는 것처럼 몸도 완전히 기진맥진해지고 기분도 우울했다.

두 번째는 1997년에 유산을 한 뒤였다. 그로부터 몇 년 뒤 치유 세션을 받으면서 유산된 딸아이가 '엄마와 함께 있고 싶어서' 지구를 떠나지 못하고 나에게 붙어 있다는 사실을 알게 되었다.

세 번째는 종신형을 선고받고 들어온 무기수가 살해한 여성이었다. 그녀는 내가 감옥에서 막 근무하기 시작하면서 진행한 상담 세션 때 나에게 달라붙었다. 이것도 치유 세션을 받고 해소되었다.

그리고 로저 울거에게 영혼 얽힘 치료를 배울 때도 나는 지박령 셋을 더 보았다. 16세기 종교 탄압 시기에 '사제들의 은신처'에 숨어 있던 사제, 남편이 전쟁에서 돌아오기를 기다리던 나이든 여인, 그리고 부하들의 죽음으로 죄책감에 사로잡혀 있던 육군 장성이었다. 이것들은 트레이닝 기간 동안 모두 해소되었다.

지박령들로부터 자신을 보호하는 방법

날마다 에너지를 보호하고 규칙적으로 차크라와 오라를 정화하면 영혼이 얽히는 것을 피할 수 있다. 에너지 보호와 차크라 정화를 위한 방법들은 13장을 참고하라.(에너지 보호와 차크라 및 오라 정화를 안내하는 명상 CD도 만들어놓았다. 관심 있는 사람들은 내 홈페이지에서 다운받을 수 있다. 281쪽의 '도움이 되는 자료들' 중 '명상 음원 다운로드' 참조) 영적 안내자나 수호천사에게 지박령을 모두 치워달라고 부탁할 수도 있다.

우주적 차원에서 이러한 영혼들이 다음 단계로 평화롭게 넘어갈 수 있도록 구제하는 작업이 지속적으로 이루어지고 있다는 사실을 알면 좀 더 안심이 될 것이다. 그뿐 아니라 초자연적인 능력, 영매 능력, 치유 능력을 타고난 HSP들 중에 영혼 차원에서 이들을 구제하는 중재자 역할을 하기로 선택한 이들도 많이 있다.

마지막으로 인격적 자아(에고)가 아니라 영혼의 눈으로 본다면, 두려움과 어둠에 갇히거나 길 잃은 영혼을 구조해 사랑과 평화, 빛의 더 높은 차원으로 보내는 일에 손을 보태는 것은 대단한 영광이 아닐 수 없다.

21장

균형
잡기

책이 거의 끝나가므로, 이 장에서는 가장 민감한 HSP들까지도 조화로움의 감각을 기를 수 있도록 신체, 감정, 정신, 영 사이의 균형에 대해 이야기해 보고자 한다.

힐러이자 치료사로서 나는 우리 안에 두 가지 근본적인 에너지가 흐르고 있음을 알게 되었다. 내면의 여성 에너지와 내면의 남성 에너지가 그것으로, 여성 에너지는 음陰, 남성 에너지는 양陽이라고 불리기도 한다. 여성 에너지는 직관, 받아들임, '존재함being'과 관련되는 반면, 남성 에너지는 논리, 행동, '함doing'과 관련된다. 내면의 여성 에너지와 남성 에너지 사이에 균형을 잡기가 항상 쉽지만은 않다. 요즘처럼 세상이 빠르게 돌아가고, 사회

270

와 문화, 또 우리 자신으로부터 점점 많은 것을 요구받는 시대에는 더욱 그렇다. 여성 에너지와 남성 에너지 사이의 균형을 잡으려면 오래된 패턴과 믿음, 조건화를 알아차리려는 의식적인 노력과 연습이 필요하다. 하지만 온전함을 느끼고 삶의 모든 면에서 행복하고 싶다면 어렵더라도 이 연습을 하는 것이 매우 중요하다.

남성이든 여성이든 우리 안에는 여성 에너지와 남성 에너지가 모두 들어 있다. 건강한 여성 에너지를 갖고 있으면 직관이 뛰어나고, 자신의 느낌을 신뢰하며, 내면으로부터 아이디어와 창의성을 끌어낼 수 있다. 남성 에너지는 우리로 하여금 경계를 짓게 해주고, 필요할 때 단호하게 자기 주장을 할 수 있게 해주며, 아이디어를 실행에 옮겨 추진하게 해준다. 안타깝게도 HSP들 중에는 이 두 에너지 사이에 균형이 무너져 양쪽을 왔다 갔다 하거나 한쪽 에너지에만 머무르는 사람들이 많다.

여성 에너지와 남성 에너지의 불균형이 일어나는 가장 큰 이유는 오늘날 우리 사회에서 여성 에너지와 남성 에너지가 둘 다 원형적으로 상처를 입었기 때문이다. 이 상처가 치유되어야 의식의 변화가 일어날 수 있다. 많은 측면에서 현대 사회는 여전히 남자들이(또는 남성적인 방식이) 권력을 휘두르고 여성적인 면은 작동을 멈춘 '남자의 세상'이다. 남성이나 여성 모두 감정을 드러내는 것을 약한 것이라고 생각하며, 이런 점이 서구 사회에서 조금

씩 달라지고는 있지만 아직도 이 상처투성이의 가부장적 문화가 곳곳에 남아 있다. 그러다 보니 여성도 남성도 자신의 여성적인 측면을 아예 드러내지 않는다. 그러나 분리와 통제, 전쟁의 자리에 사랑과 연민, 하나됨이 들어서는 '가슴 중심의 삶'을 이루려면 우리 안의 남성 에너지와 여성 에너지가 반드시 균형을 되찾아야만 한다.

이러한 두 에너지의 흐름을 균형 잡힌 상태로 유지하는 것이 '모든 사람'에게 중요하기는 하지만, HSP들은 자신의 모든 면, 즉 신체, 정신, 감정, 영을 균형 잡힌 상태로 유지하는 것에 더 신경을 쓸 필요가 있다.

우리의 영혼을 다이아몬드라고 한번 상상해 보자. 다이아몬드의 모든 면은 동등하다. 다이아몬드의 각 면은 한 사람의 신체, 감정, 정신, 영의 각 측면을 나타낸다고 할 수 있다. 그리고 각각의 면을 '잘 다듬어진' 상태로 유지한다면 모든 것이 균형 잡히고 아름다운 상태로 유지될 것이다.

신체적인 면이란 물론 육체를 의미한다. 건강한 영양분을 섭취하고, 적당량의 물을 마시고, 규칙적인 운동을 하고, 충분한 수면을 취하는 등 몸을 잘 돌보는 것은 매우 중요하다. 우리의 육체는 영혼이 머무는 집이다. 우리의 몸은 말 그대로 우리의 '신전神殿'이다.

정신적인 면이란 지적 능력, 생각, 믿음, 태도, 가치관 등을 의미한다. 우리의 마음은 심각한 혼란이나 내적 갈등을 일으키기도 하지만, 깊은 이해를 가져다주기도 한다. 지속적인 연구나 배움 등을 통해 정신적 측면을 계발함으로써 우리의 마음은 더 열릴 수 있고, 지성과 분별력을 기를 수 있으며, 삶의 경험과 주변 세상으로부터 지혜를 얻을 수 있다.

감정적인 면이란 타인과 주변 세계에 감정적으로 연결되는 능력이다. 여행이나 자원 봉사 활동 등으로 다른 문화를 경험하며 자기의 감정적인 측면을 계발한다면 인간으로서 경험하는 것들을 훨씬 다채롭게 느낄 수 있다. 또한 우리 자신은 물론 타인과의 관계에서 서로의 감정을 주고받는 능력도 기를 수 있다.

영적인 면이란 시공을 초월해 존재하는 우리의 본질을 일컫는다. 이 본질은 모든 이와 모든 것 안에 들어 있는 우주의 에너지에 우리를 연결시켜 준다. 모든 생명체는 서로 연결되어 있으며 하나이다. 다양한 종교나 영적 수행에 대해 배우고 명상이나 기도와 같은 활동을 통해 영적인 의식을 높여가는 일은 우리에게 소속감을 주고 삶의 더 큰 목적과 의미를 발견하게 해준다.

어떤 식으로든 이 네 가지 사이에 균형이 깨지면 도미노 효과처럼 존재 전체가 균형을 잃게 된다. 그런 이유 때문에 감정적으로 크게 고통받고 있는 사람은 정신적으로도 힘들어지기 쉽고,

또 신체적으로도, 나아가 영적으로도 어려움에 처할 수 있다. 그러면 오라와 차크라가 점차 무거워지고 둔해져 결국에는 이들의 진동 주파수에 영향을 주게 되고, 그 결과 이들은 영과 단절되었다는 느낌을 받을 수 있다.

이 네 가지 면이 모두 균형 잡힌 상태에 있을 때—그리고 남성 에너지와 여성 에너지 또한 균형이 잡혀 있을 때—각각의 면들이 서로 연결되어 다이아몬드의 중심점(심장)에서 만나고, 우리는 진정으로 행복해질 수 있다.

이 시점에 이르면 우리는 사랑의 주파수와 가슴 중심의 의식에서 비롯된 삶을 살아가기 시작한다. 이 책에 나온 다양한 실천 기법과 지침이 여러분 존재의 모든 면에서 하나부터 열까지 균형과 조화를 이루고 유지하는 데 도움이 되었으면 좋겠다. 누구에게나 건강과 행복보다 소중한 것은 없다. 하지만 HSP들에게는 압도됨으로 인해 생기는 일들을 방지할 수 있도록 자신을 돌보는 것이 무엇보다 중요하다. HSP들은 에너지가 균형을 이루고 있는지 여부에 훨씬 민감할 수 있기 때문이다. 그렇게 자신을 잘 돌볼 때 비로소 삶이 꽃피기 시작하고, 자신만의 고유한 재능과 능력, 자질을 긍정적인 방식으로 세상에 내보일 수 있을 것이다.

22장

삶의 목적을 실현하며
건강하고 행복하게 살아가기

많은 HSP들이 마치 피지 않은 꽃봉오리 같은 상태이다. 어떤 사람은 꽃을 피울 만한 환경을 만나지 못했고, 어떤 사람은 힘든 일을 너무 많이 겪었다. 뽑히고 짓밟혀 버려진 사람도 있고, 자기 모습을 숨기고 주변 환경에 맞춰 살아가는 사람도 있다. 하지만 모든 꽃봉오리가 그렇듯 우리도 피어나기 위해 태어났다.

우리의 신성한 본성은 순수한 가능성을 담고 있는 씨앗과 같다. 영혼의 눈으로 보면 우리는 우리가 있어야 할 곳에 심어졌다. 겉보기에는 비록 환경이 열악할지라도 말이다. 모든 씨앗은 어두운 땅속에서부터 자라기 시작한다. 보거나 느낄 수 없다 해도 모든 씨앗은 본능적으로 빛을 향해 자라난다.

그러므로 영의 씨앗이 우리 안에 심어져 있다는 사실을 언제나 잊지 말아야 한다. 이 영의 씨앗에는 우리가 민감함뿐만 아니라 민감함이 낳는 모든 것을 받아들여 멋진 사람으로 피어나는 데 필요한 모든 요소가 들어 있다.

어린 시절에 민감한 아이로서 안전하고 사랑받는다고 느낄 만큼 뿌리를 내리지 못했다면, 새로운 앎이라는 토양에 다시 씨앗을 심어라. 그 토양은 당신이 누구인지에 대한 앎, 그리고 지금 당신은 정확히 당신이 되기로 한 바로 그 사람이라는 앎이다.

주변 사람들이 여러분의 민감함을 받아들이거나 이해하지 못하더라도, 중요한 것은 단 하나 당신 스스로 당신의 민감함을 받아들이고 이해해 주는 것임을 기억하라. 성인이 된 우리에게는 새로 시작할 기회가 주어졌다. 이제는 우리가 우리 정원의 최고 관리자가 될 수 있다. 그러니 모든 사랑과 관심, 따뜻함을 쏟아 꽃봉오리를 키우고 그것이 자기다운 모습으로 활짝 피어나게 하자. 일단 꽃봉오리를 피우고 나면 에너지 차원에서 기분이 좋아지고, HSP든 아니든 비슷한 사람들과 만나게 될 것이다.

자신이 거쳐온 시련들을 다른 시각으로 바라보고 그 안에서 선물과 교훈을 찾아냈다면, 이제 더 나아가 어떻게 하면 그런 선물과 교훈으로 다른 사람들을 도울 수 있을까 생각해 보자.

우리 삶의 목적은 종종 신비로운 과정을 통해 펼쳐진다. 내 삶의 목적도 그랬다. 예컨대 나를 만나는 사람들은 대부분 내가 어떻게 교도소에서 상급 관리자로 그렇게 오래 일할 수 있었는지 의아해한다. 그들이 보기에는 나와 교도소가 너무 '어울리지' 않아서 역설적으로 느껴지는 것이다. 하지만 우리 사회의 주류 기관들을 조금만 깊이 들여다보면 수많은 HSP들이 전혀 어울리지 않아 보이는 일을 하고 있다는 사실을 알 수 있다. 어떤 식으로든 사람과 세상을 돕고 어둠 속에 빛을 가져오려는 내면의 소명이 우리 마음 깊숙이 프로그래밍되어 있는 것이다.

세상에는 많은 어둠이 있다. 텔레비전만 켜면 온갖 범죄, 부패, 은폐, 학대, 전쟁 이야기가 쏟아져 나온다. 안타깝게도 스트레스, 번아웃, 우울, 중독이 너무나 흔해지고 있다. 보건이나 사회 복지 시스템이 감당해 낼 수 없을 정도로 질병과 불편함이 넘쳐난다. 이런 것을 보고 있으면 마치 거대한 파도에 압도당하는 듯한 기분이 든다. 무력감이 너무 커서 아무것도 할 수 없을 것 같은 기분이 들기도 한다.

하지만 이 세상에는 어둠만큼이나 빛도 많을 뿐 아니라, 많은 사람들이 어둠 속에 빛을 가져오기 위해 놀라운 일들을 해냈고 또 해내고 있다는 사실을 기억하자. 인권 지도자들이 대표적인 예이다. 이들은 거대한 변화를 일구어냈다. 우리도 그렇게 할 수 있다. 그들과 똑같은 방식은 아닐지 몰라도, 변화는 우리 자신으로부터, 우리가 자신과 타인을 어떻게 대하느냐에서부터 시작된다.

삶의 목적은 종종 우리가 겪는 고난 속에서 또는 우리의 이야기 안에서 발견되곤 한다. 그러니 깊게 들여다보아야 한다. 이를테면 원인 모를 질병으로 아이를 잃은 부모가 연구 기금을 모으기 위한 자선 단체를 설립할 수 있을 것이다. 만약 그 기금으로 치료제를 계발한다면 다른 부모들은 자신들이 겪었던 상실을 다시 겪지 않아도 될 것이다.

민감성과 관련된 모든 감정적 고통과 과거의 주입된 생각들, 부정적인 신념을 털어버리고 나면 자신감이 솟아나고, 사랑, 연민, 공감, 창의력, 치유력, 도우려는 마음처럼 우리가 타고난 아름다운 자질을 세상에 드러낼 수 있다.

세상에는 더 많은 민감함이 필요하다. 그러니 당신이 HSP라면 부디 더 이상은 당신의 존재를 숨기지 말기 바란다. 당신의 빛과 당신의 아름다운 민감함은 선물이다. 자신의 힘—사랑의 힘, 진정한 당신 모습대로 살아가는 힘—안에서 당당히 설 때 세상을 더 좋은 곳으로 변화시킬 수 있다. 이 생에서의 목표는 때가 되면 알아서 펼쳐질 것이다. 우리가 과거에 해왔던 모든 일들, 지금 하고 있는 모든 일들, 그리고 앞으로 할 모든 일들은 어떤 식으로든 우리 삶의 목표 가운데 한 부분이다.

그러니 어떤 일을 하고 있든지, 매우 민감하다는 것이 결코 결함이 아니라 삶을 더 풍요롭게 만들어줄 선물이라는 사실을 기억하기 바란다. HSP들은 내가 아는 가장 강인한 사람들이다. 이들이 있는 그대로 존중받을 수 있다면 어떤 환경에서도 필요한—개인적으로나 직업적으로나—자산이 될 수 있다.

이 책이 여러분에게 도움이 되었기를, 그리고 여러분이 자신의 초민감성을 다루는 데 앞으로도 계속해서 든든한 지원자가 되기를 바라며 책을 마무리하고자 한다. 이 분야에서 일해온 지난 15년 동안 나는 수많은 HSP들의 삶이 성공적으로 바뀌는 것을 보았다. 자기를 사랑하고 수용하는 법을 배우기만 하면, 그리고 자신의 민감함을 저항하지 않고 다루는 법을 배우기만 하면 된다. 영과 영혼에서 비롯되는 내면의 지혜에 접속하는 법을 배우기만 하면 된다. 가슴을 중심으로 살아가고 열정을 따르기만 하면 된다. 이 책이 당신에게 그렇게 할 수 있도록 영감과 자신감을 불어넣어 주었기를 바란다.

마지막으로, 아름다운 영적 존재들에게 여러분을 둘러싸 달라고 요청해서 그들로부터도 영감을 받기 바란다. 이 존재들은 이번 생에서는 물론 그 후에도 우리를 돕고 안내하고 응원하기를 간절히 바라고 있다. 그저 도움을 요청한 다음 여러분의 삶이 얼마나 더 풍요로워지는지 지켜보기만 하면 된다.

도움이 되는 자료들

추천 도서

- David R. Hamilton, *I Heart Me: The Science of Self Love* (Hay House, 2015)
- Debbie Ford, *The Dark Side of the Light Chasers* (Riverhead Books, 2001) (《그림자 그리고》, 신업공동체 옮김, 빛, 2010)
- Debbie Ford, *The Secret of the Shadow* (HarperCollins, 2002)
- Debbie Ford, *Why Good People Do Bad Things* (HarperOne, 2009) 《착하다는 사람이 왜 나쁜 짓 할까?》, 신업공동체 옮김, 빛, 2015)
- Edith Fiore, *The Unquiet Dead* (Ballantine Books, 1995)
- Elaine N. Aron, *The Highly Sensitive Child* (Harmony, 2015)(《까다롭고 예민한 내 아이, 어떻게 키울까?》, 안진희 옮김, 이마고, 2011)
- Elaine N. Aron, *The Highly Sensitive Person* (Broadway Books, 1997) 《타인보다 더 민감한 사람》, 노혜숙 옮김, 웅진지식하우스, 2017)
- Elaine N. Aron, *The Highly Sensitive Person in Love* (Harmony, 2001) 《타인보다 민감한 사람의 사랑》, 정지현 옮김, 웅진지식하우스, 2019)

- Judy Hall, *The Crystal Bible* (Krause Publications, 2003) (《크리스탈 바이블》, 크리스탈 환타지 편집부 옮김, 크리스탈 환타지, 2010)
- Louise Hay, *You Can Heal your Life* (Hay House, 1984) (《치유》, 박정길 옮김, 나들목, 2015)
- Robert Holden, *Loveability* (Hay House, 2013)
- Roger Woolger, *Healing Your Past Lives: Exploring the Many Lives of the Soul* (Sound True, 2004)
- Roger Woolger, *Other Lives, Other Selves* (Bantam Dell Pub Group, 2003)
- Simon Lily & Sue Lily, *The Essential Guide to Crystals* (Duncan Baird Pub, 2010)
- William J. Baldwin, *Spirit Releasement Therapy* (Headline Books, 2005)
- William Meader, *Shine Forth: The Soul's Magical Destiny* (Source Pubns, 2004)

명상 음원 다운로드

- 민감한 사람들을 위한 천사들의 보호(Angelic Protection for Sensitive People)
- 자신을 사랑하는 법을 배우기(Learning to Love Yourself)

둘 모두 www.melcolins.co.uk에서 다운로드 가능

웹사이트

- 로저 울거 전생 퇴행 치료

www.deepmemoryprocess.com

융 심리학자이자 존경받는 저자인 로저 울거 박사는 영적인 세계의 복잡성에 대한 사람들의 이해를 돕기 위해 그의 가르침을 발전시켰다. 로저 울거 박사는 영들의 세계로 떠났지만, 그의 가르침을 바탕으로 한 행사와 트레이닝은 국제 학교를 통해 이어지고 있다.

- 일레인 아론 박사 홈페이지: The Highly Sensitive Person

www.hsperson.com

이 책의 1부에 인용된 연구는 "매우 민감한 뇌: 감각 처리 민감성 및 타인의 감정에 대한 반응을 알아보는 fMRI 연구" (비앙카 P. 아세비도, 일레인 N. 아론, 아더 아론, 매튜 도널드 샌스터, 낸시 콜린스, 루시 L. 브라운, 최초 발표일: 2014년 6월 23일) 논문이며, 다음 사이트의 '두뇌와 행동Brain and Behavior'이라는 제목 아래에서 누구나 찾아볼 수 있다. https://onlinelibrary.wiley.com/doi/full/10.1002/brb3.242

- 전자기장 보호

https://www.energydots.com

- 지역별 심리치료사 알아보기 (치료사가 민감성 기질에 대해 알고 있는지 꼭 확인하기 바란다.)

www.psychotherapy.or.uk

(한국상담심리학회 소속 심리상담사 알아보기: http://www.krcpa.
or.kr/user/sub02_3.asp)

- EMDR (안구 운동 민감 소실 및 재처리 요법)—트라우마와 학대를
치유하려는 사람들에게 추천한다.

www.emdrassociation.org.uk

(서울 EMDR 트라우마 센터: http://www.seoulemdr.co.kr/sub/
index.php)

감사의 말

멋진 아들 제반Jevan에게, 이 아이가 저의 삶에 가져다준 모든 사랑, 기쁨, 빛, 웃음에 대해서, 그리고 이 책을 쓰는 동안 보내준 지지에 대해서 감사의 말을 전합니다. 제반의 엄마가 된 건 행운입니다.

전폭적인 지지와 친절을 베풀어준 제레미 바인Jeremy Vine에게도 감사를 전합니다. 제레미 바인은 BBC 라디오 2에서 하는 라디오 프로그램에 저를 초대해 HSP에 대해 이야기할 기회를 주었고, 이 책을 출간할 출판사를 구하도록 도와주었으며, 추천사도 써주었습니다. 제레미, 당신은 하늘이 내게 보내준 사람이에요. 당신이 베풀어준 도움에 언제나 깊이 감사하고 있어요.

제레미의 프로그램에 나가 인터뷰한 내용을 트위터에 올리고 왓킨스 출판사에 메일로 보내준 미리암 아크타르Miriam Akhtar에게도 감사를 전합니다.

이 책이 출판되도록 이끌어주고 마지막 손질도 해주는 등 적극적으로 지원해 준 왓킨스 출판사의 기획담당 편집자 켈리 톰슨에게도 진심으로 감사드립니다. 켈리, 당신은 천사이자 하늘이 보내준 사람이에요! 발행인 조 랄, MD 에탄 일펠드, 홍보부서의 질리언, 마케팅 부서의 비키, 표지 디자이너 프란체스카, 제작총괄 슬라브 등 왓킨스 출판사의 모든 분들께도 감사드립니다. 정성껏 원고를 손봐 준 프리랜서 편집자 베키 마일스와 교정·교열을 맡아준 스티브에게도 감사의 말씀을 전합니다.

민감한 성향을 새로운 연구 분야로 개척한 일레인 아론 박사님께도 감사드리고 싶습니다. 아론 박사님의 책《타인보다 더 민감한 사람》덕분에 제 인생은 완전히 달라졌어요.

지난 시간 동안 저에게 상담을 받거나 제 워크숍에 참석했던 모든 HSP 내담자들에게도 감사드립니다. 여러분처럼 아름다운 영혼들과 함께 작업할 수 있었던 것은 저에게 축복이었습니다. 자신의 이야기를 이 책에 실을 수 있도록 허락해 준 분들께 특히 감사의 말씀을 전합니다.

저의 여정에서 만난 모든 스승과 힐러들, 로저, 테레즈, 젠, 발,

존, 애니, 베로니카에게 감사드립니다. 테레즈, 당신은 개인적으로 나 직업적으로나 저에게 놀라운 영적 힐러이자 스승이에요. 당신이 보여주신 우정과 지지가 저에게 얼마나 소중한지 몰라요.

울거 인스티튜트Woolger Institute의 후아니타와 제인에게도 로저 선생님의 업적을 이어가는 것에 대해, 그리고 이 책에 추천사를 써주신 것에 대해 감사드립니다. 로저 선생님처럼 훌륭한 분께 배울 수 있었던 점에 저는 깊이 감사하고 있어요. 친절하게 추천사를 써준 윌리엄 미더에게도 감사드립니다.

제가 10년 동안 교도소에서 무사히 지낼 수 있게 도와주셨을 뿐 아니라 교도소 생활의 무게감에 짓눌릴 때마다 배꼽이 빠지도록 웃게 해주시고 저의 "돕고삽시다니즘"을 환영해 주신 앨런 듀들리 교도소장님께도 감사드립니다.

교소도에서 함께 근무했던 분들 중 언급하고 싶은 분들이 더 있습니다. 저를 많이 도와준 지역 마약전략부 부장 앤디, 마약탐지견이었던 네로를 제가 입양할 수 있게 해준 지역 마약 탐지견 코디네이터 폴에게 감사드립니다. 두 분 덕분에 털옷 입은 천사인 네로와 8년 동안 행복한 시간을 보낼 수 있었어요. 우리 팀에 있었던 모든 사람들, 특히 트립스, 'H', 다보, 리지, 알, 스튜, 그리고 마약 탐지견들! 감사합니다. 마지막으로 이전 교도소 동료들에게, 힘든 일을 하고 계신 것에 감사드립니다.

지원을 아끼지 않은 가족들에게도 감사드리고 싶습니다. 특히 어머니(4년 전에 저에게 '주말 작가 워크숍'을 선물해 주셨어요), 앤 이모, 스콧 츠 가족에게 감사드립니다. 그리고 캐롤(과 스티브), 서로의 가족이 되어주어서 고맙고 물심양면으로 지원해 주어 감사합니다.

또 저를 도와주고 격려해 준 모든 친구들에게 깊은 감사의 인사를 전합니다. 특히 내가 힘든 시기를 잘 지나갈 수 있도록 도와준 바네사, 새라, 크리시, 비브, 글렌, 앨리, 스타니아, 항상 변치 않고 내 곁에 있어줘서 고마워. 너희는 지구의 천사들이야.

저희 집 주인(임대인)인 폴(과 게이), 집을 임대해 주고 책 작업을 지지해 주셔서 정말 감사합니다.

제가 애도하고 있을 때 아버지의 메시지로 저를 위로해 주고, 이 책에 대한 아버지의 안내도 전해주신 실력 있는 영매 진 홀에게 감사드립니다.

제 웹 사이트를 만들어준 클레어-루이스에게 감사드립니다. 당신은 저의 기술 천사예요! 당신이 없었다면 저는 해낼 수 없었을 거예요.

매주 산책시키는 우리 예쁜 멍멍이들, 루, 보디, 우디, 태미 고마워! 너희 덕분에 짬짬이 컴퓨터로부터 떨어져 휴식 시간을 가질 수 있었어.

그리고 마지막으로 저의 수호천사와 영적 가이드, 이미 돌아가셨지만 항상 저와 함께 있는 사랑하는 분들, 제가 이 책을 쓰도록 격려하고 지지해 준 분들께 제 마음의 가장 깊은 곳으로부터 감사드립니다.

사랑을 담아, 멜

HSP가 진정으로
세상에 빛이 되려면

《타인보다 더 민감한 사람》《센서티브》 같은 책이 크게 인기를 끌면서 민감한 사람들을 주제로 한 책이 점점 많이 나오고 있다. 이런 책들은 민감함이 매우 '정상'일 뿐 아니라 존중받아 마땅한 소중한 특성임을 연구 결과를 통해 증명해 초민감인, 즉 HSP들이 자신을 알아가는 데 큰 도움을 주고 있다. 덕분에 이제 HSP들은 자신이 누구인지 아는 것을 넘어, 어떻게 하면 이 '거친' 세상에서 당당하고 행복하게 살아갈 수 있는지 구체적인 방법을 알고 싶어 한다. 그런 점에서 '어떻게'를 상세히 풀어나간 이 책의 출간은 매우 반가운 일이 아닐 수 없다.

이 책의 특징은 매우 실용적이면서도 영적이라는 점이다. 이미 다른 책을 통해서 많이 접했을 HSP에 대한 설명은 핵심적인 부분만 간추려 1부에 담고, 2부부터는 거친 세상에서 살아가며 민감함을 억누르고 상처입어 왔을 HSP들을 위한 치유 방법을 본격적으로 소개한다. 이러한 치유 방법에는 태핑이나 빛 명상과 같이 그때그때 바로 찾아 쓸 수 있는 응급 처방은 물론, HSP가 가진 다양한 그림자를 알아보고 치유할 수 있는 방법, 전생퇴행 최면 치료 같은 더 깊고 근본적인 방법도 포함된다. 특히 3부에서는 영혼, 수호 천사, 전생 계획, 환생과 같은 주제들을 적극적으로 다루고, HSP의 인생 여정을 바라보는 영적인 관점도 제시한다. 많은 HSP들이 영적인 세계에 관심을 가지고 있음에도 불구하고 정작 이 부분을 깊게 다루는 HSP 관련 서적은 찾아보기 어렵다는 점에서, 이 책은 또 한 번 독보적인 위치를 지닌다.

　너무 거창하다고 생각할지 모르겠지만, 나는 진심으로 HSP들의 치유와 성장이 인류의 평화와 직결되는 매우 중요한 일이라고 생각한다. 수년간 나르시시스트의 피해자를 위한 정보 공유 활동을 하면서, 나는 나 자신을 비롯해 많은 HSP들이 쉽게 나르시시스트의 먹잇감이 된다는 사실을 발견했다. 그런데 똑같이 피해를 당했다 하더라도 HSP가 자신을 치유하고 주체성을 되찾는 경우에는 건강하지 않은 관계를 끝내고 새로운 삶으로 나아가지만, 두려움과 피해 의식에서 빠져나오지 못하는 경우에는 폭력적인 관계의 사슬 안에서 자식을 낳고 키우며 또 다른 피해자를 양산하게 된다는 사실도 발견했다. 이렇게 보면 폭력의 대물림을 끊을 수 있는 열쇠는 HSP들의 손 안에 들어 있다고 할 수 있다. HSP가 자신의 힘과 빛을 되찾을 때, 상생과 평화의 자물쇠는 자동으로 열리게 된다. 그러므로 HSP들은 자신의 치유가 단순히 개인적 차원의 일이 아니라 사회적이고 전지구적인 임무임을 기억했으면 좋겠다.

HSP의 한 명으로서, 이 책을 번역하는 동안 내가 가진 HSP 기프트인 '핵심을 파악하고 행간을 읽는 능력'을 발휘해 책의 내용을 쉽고 충실하게 전달하기 위해 최선을 다했다. 그럼에도 남아 있던 거친 부분들은 또 한 명의 HSP인 이홍용 주간님이 숲과 나무를 함께 보는 능력으로 섬세하고 아름답게 정돈하여 주셨다. 그의 노고가 아니었다면 독자들이 만난 글은 지금과 사뭇 달랐을 것이다. 이 자리를 빌려 감사드린다.

이강혜

샨티의 뿌리회원이 되어
'몸과 마음과 영혼의 평화를 위한 책'을 만들고 나누는 데
함께해 주신 분들께 깊이 감사드립니다.

개인

이슬, 이원태, 최은숙, 노을이, 김인식, 은비, 여랑, 윤석희, 하성주, 김명중, 산
나무, 일부, 박은미, 정진용, 최미희, 최종규, 박태웅, 송숙희, 황안나, 최경실,
유재원, 홍윤경, 서화범, 이주영, 오수익, 문경보, 최종진, 여희숙, 조성환, 김
영란, 풀꽃, 백수영, 황지숙, 박재신, 염진섭, 이현주, 이재길, 이춘복, 장완, 한
명숙, 이세훈, 이종기, 현재연, 문소영, 유귀자, 윤홍용, 김종휘, 이성모, 보리,
문수경, 전장호, 이진, 최애영, 김진회, 백예인, 이강선, 박진규, 이욱현, 최훈
동, 이상운, 이산옥, 김진선, 심재한, 안필현, 육성철, 신용우, 곽지희, 전수영,
기숙희, 김명철, 장미경, 정정희, 변승식, 주중식, 이삼기, 홍성관, 이동현, 김
혜영, 김진이, 추경희, 해다운, 서곤, 강서진, 이조완, 조영희, 이다겸, 이미경,
김우, 조금자, 김승한, 주승동, 김옥남, 다사, 이영희, 이기주, 오선희, 김아름,
명혜진, 장애리, 한동철, 신우정, 제갈윤혜, 최정순, 문선희

단체/기업

이메일로 이름과 전화번호, 주소를 보내주시면 샨티의 신간과 각종
행사 안내를 이메일로 받아보실 수 있습니다.

전화 : 02-3143-6360 팩스 : 02-6455-6367
이메일 : shantibooks@naver.com